Wunderbares Winter-gemüse

Uschi Korda & Erwin Werlberger

Wunderbares Winter-gemüse

INHALT

VORWORT

Manchmal ist es gut, auf Entdeckungsreise zu gehen. Dafür muss man gar nicht in weite Fernen schweifen, vieles, das ganz in der Nähe liegt, bleibt oft unbeachtet und fristet ein Schattendasein. Erst wenn es Aufmerksamkeit bekommt, wenn man es genau betrachtet und sich damit auseinandersetzt, entdeckt man Unbekanntes, Überraschendes, das zu Inspirationen und neuen Erlebnissen führt.

Genauso ist es Erwin Werlberger, Chefkoch vom Salzburger Winterstellgut, seinem Chef Tournant Benjamin Jochum und mir ergangen, als wir uns das Thema Wintergemüse vornahmen. Das hat ja allein schon von der Auswahl etwas Eingeschränktes, weil im Winter nicht so viel wächst wie in der warmen Jahreszeit. Dazu ist es in altbekannten Rezepten eher eindimensional angelegt, was zu der Annahme führt, dass da kaum Spielraum für Kreativität ist.

Was für ein Irrtum!

Erstens gibt es mehr Wintergemüsesorten, als man glaubt. Wir haben uns trotzdem nur auf die sechzehn bekanntesten konzentriert, da wir – zweitens – verblüfft waren, was man aus einfachen Gemüsen alles herausholen kann. Kraut, Rüben und Co sind nicht nur starke Partner in den unterschiedlichsten Kombinationen, sie entfalten bei richtiger Zubereitung Intensität, Geschmack und sind ein eigenständiger Genuss, auf den man, einmal probiert, nicht mehr verzichten möchte.

So entpuppten sich die Wintergemüse als heimliche Stars, von denen jedes einzelne lohnt, ins Rampenlicht geholt und neu entdeckt zu werden. Jenseits aller Betulichkeit, mit der sie in der Vergangenheit oft zu Brei verkocht als Sättigungsbeilage langweilig auf dem Teller verkamen. Natürlich basieren viele Rezepte auf unseren kulinarischen Traditionen, wir wollten uns aber in keiner Richtung einschränken. Daher ist dieses Buch auch nicht vegetarisch angelegt, obwohl Vegetarier sicher viele Anregungen finden werden, die sie entsprechend umsetzen können. In jedem Fall erstaunlich ist die Vielfalt an Möglichkeiten, denn wir haben uns bei den Rezepten nicht nur auf Hauptspeisen, Vorspeisen und Beilagen reduziert. Fast alle Sorten lassen sich auch als süße Desserts zubereiten.

Ich freue mich, dass Sie mit uns auf Entdeckungsreise gehen und wünsche gutes Gelingen mit dem wunderbaren Wintergemüse.

Uschi Korda

AUF
DER SUCHE
NACH
DEM GUTEN

Die kreativen Spielmöglichkeiten sind groß. Mutig kombiniert, bodenständig gekocht, harmonisch im Geschmack.

»Jedem, der gerne kocht, ist klar: Es sind die Zutaten, die aus einem Gericht etwas Besonderes machen.« Erwin Werlberger (Seite 11, rechts) weiß genau, wovon er spricht. Als Koch vom Winterstellgut in Annaberg findet er viele dieser Schätze direkt vor der Haustüre. Im eigenen Kräutergarten, bei Sammlern, Bauern, Jägern und Genusshandwerkern. Seit 2005 ist er hier unentwegt auf der Suche nach dem Guten, das in seiner Küche zu etwas Besonderem wird. Es ist eine geradlinige, ehrliche Küche, in der Kreativität eine große Rolle spielt. Genauso wie Regionalität, die ja die Basis unserer kulinarischen Kultur bildet.

Aufgewachsen auf einem Bauernhof in Fieberbrunn in Tirol, durfte Erwin Werlberger von Kindesbeinen an reinschnuppern, wenn seine Oma und seine Mutter am Herd standen und einfaches, aber delikates Essen zubereiteten. »Von den beiden«, sagt er heute, »habe ich als erstes die Wertschätzung für gute Lebensmittel und für Selbstgemachtes mit auf den Weg bekommen.«

Später, nach seinen Lehr- und Wanderjahren in internationalen Spitzenküchen, die ihn bis nach Vail in Collorado führten, landete er bei Koch-Legende Hans Haas im Münchener *Tantris*. »Er hat mich geprägt, mit seinem Respekt und seiner Faszination für jede einzelne Zutat«, sagt Erwin Werlberger, der später diesen Weg im Winterstellgut konsequent weiterging. Konzentration auf das Wesentliche lautet sein Credo, und: Alles muss nach dem schmecken, was es ist.

Das Wintergemüse hat er erst im Laufe der Jahre mit all seiner Vielseitigkeit für sich entdeckt. »Es ist so robust und rau wie ich«, sagt er, und dass die Bitterstoffe etwa von Radicchio, Grünkohl und Schwarzwurzel perfekt zur kalten Zeit passen. Auch Kohlsprossen haben ein leicht bitteres Aroma, in Kombination aber mit dunkler Schokolade, einem Stück knusprigem Speck und der Marzipan-Note einer eingelegten Vogelbeere werden sie zu einem überraschenden Dessert.

Bis dato wurde der Variantenreichtum von Wintergemüsen unterschätzt. Dabei geben sie nicht nur als Vor- und Hauptspeise oder Beilage, sondern auch als Süßspeise einiges her. Man muss sich nur damit beschäftigen und sich nicht von ihrem Image als langweilige Hausmannskost ablenken lassen. »Wir wollten Kraut, Rüben und Kohl zum Star

Winterstellgut
Braunötzhof 1

machen«, sagt Erwin Werlberger, »dabei aber nicht zu weit ausschweifen, es nicht exotisch anlegen, damit man noch spürt, wo wir herkommen.« Tascherl, Pofesen, Gulasch und Co. – die Klassiker der österreichischen Küche dienen als Grundstock für Rezepte, die trotz ihrer mutigen Kombinationen bodenständig und harmonisch schmecken.

»Es war spannend, was man aus den einfachen Wurzeln und Knollen alles herausholen kann.« Benjamin Jochum (Seite 11, links) hat gemeinsam mit Erwin Werlberger dem Wintergemüse für dieses Buch eine neue, eine besondere Note verpasst.

Wie man kreativ an die Zubereitung einfacher Zutaten geht, hat der gebürtige Frankfurter Jochum einst bei Mario Lohninger gelernt. Es war die Liebe, die ihn ins Salzburgerische Lammertal brachte, wo er im Winterstellgut vorstellig wurde.

Zur Probe musste er gleich einmal ein Erdäpfelgulasch kochen. »Das war so gut«, ist Erwin Werlberger noch heute begeistert, »besser hätte ich es selbst nicht machen können.« Seither ist Benjamin Jochum als Garde Tournant im Winterstellgut-Team und sorgt mit seinen Ideen und Zugängen für Inspirationen am Herd.

Gemeinsam haben die beiden das Wintergemüse von einer ganz neuen Seite kennengelernt. Mit Zubereitungen, die auch für ambitionierte Hobby-Köche und -Köchinnen leicht umzusetzen sind. Mit einem verblüffenden Zusammenspiel aus Aromen und mit so viel Geschmack, dass niemand mehr sagen kann: Das ist ja nur Gemüse!

DAS SACHERL IN TANNBERG

»Ich habe keinen engen Blick, weil ich quer eingestiegen bin.« Josef Winkler steht hinter seinem Haus, wo in schönen Reihen angeordnet unterschiedlichste Blätter aus der Erde sprießen. Hier auf der Anhöhe hinter Tannberg beengt auch sonst nichts den Blick. In sanften Wellen purzeln hellgrüne Hügel in den weiten Horizont, dunkelgrün betupft von Wäldern, ab und zu spitzt sich ein Kirchturm ins Blau des Himmels. Eine Bilderbuchlandschaft im Seengebiet an der Grenze zwischen Salzburg und Oberösterreich, die Josef Winkler zunächst einmal verlassen hatte, um wieder heimzukehren. Obwohl er sich selbst als Quereinsteiger bezeichnet, ist er vielmehr zurück zu seinen Wurzeln gekehrt.

Projektmanager in der Aluminium-Industrie war er, und reiste dabei unentwegt durch Europa. Durchaus mit kritischen Ansätzen, wie er heute sagt. Gesunde Umwelt und infolgedessen bessere Ernährung sind schließlich wichtige Faktoren für die Zukunft unseres Planeten. Immer mehr brannten ihm diese Themen unter den Fingernägeln, nur meckern allein bringt einen aber auch nicht weiter. Also beschlossen Josef Winkler und seine Frau Ursula zu handeln.

Bereits seine Vorfahren betrieben in Tannberg eine kleine Landwirtschaft. Mit ein paar Kühen, Schweinen, Hühnern und einem Bauerngartl mit Obst, Gemüse und Kräutern für den Eigenbedarf. Sacherl nannte man das früher, als es noch viele davon in dieser Region gab. In den letzten Jahrzehnten verschwanden sie beinahe gänzlich aus dem Landschaftsbild, weil sie entweder wachsen oder weichen mussten. Auch Josef Winklers Vater verkaufte die Tiere und verpachtete die Gründe.

Vor vier Jahren kamen die jungen Winklers heim und begannen, den familiären Hof wieder zum Leben zu erwecken. Sie holten sich die Pachtgründe zurück und pflanzten darauf Gemüse an. »Sacherl« nennen sie ihren Betrieb stolz, auch weil sie nicht

Die »Sacherl«, also kleine Landwirtschaften mit ein paar Tieren, einem Bauerngartl und ein bisschen Anbau für den Eigenbedarf, sind schon fast gänzlich verschwunden.

vorhaben, noch großartig weiter zu wachsen. »Als Gemüsebauer muss man viel gehen, da ist es gut, wenn alles kompakt beieinander liegt«, sagt Josef Winkler, und dass das Ziel Vielfalt und nicht Menge ist. Fünfzig verschiedene Sorten baut er mittlerweile auf seinen drei Hektar Grund an, und das fast ausschließlich in Handarbeit.

Obwohl Klima- und Bodenbedingungen nicht wirklich ideal sind, ist das Ergebnis prächtig. Zum einen wird hier rundum in der Heumilchregion bereits seit dreißig Jahren biologisch bewirtschaftet – eine gute Basis, auf der sich aufbauen lässt. Zum anderen hat Josef Winkler zwei Jahre lang beim Bio-Michi im bayerischen Kirchanschöring gelernt, wie man mit Humus und reichhaltigem Bodenleben – also Bakterien, Pilzen und Insekten – natürliche und gute Voraussetzungen für einen lebendigen, gesunden Boden schafft. Darauf werden sowohl samenfeste als auch alte Sorten angebaut, die mehr Geschmack und eine gute Qualität haben. Winterhartes Gemüse, das Temperaturen bis zu minus 15 Grad im Freien aushält, gibt es mehr, als man glaubt. Neben Grünkohl, Kohlsprossen, Sellerie und den anderen Sorten aus diesem Buch, erntet Josef Winkler sogar Lauch in den kalten Monaten. Der Aufwand sei zwar größer als beim Sommergemüse, sagt er, doch das Ergebnis ist robust und kann lange gelagert werden.

Für Erwin Werlberger und das Winterstellgut ist dazu noch spannend, dass im »Sacherl« auch Ungewöhnlicheres probiert wird. Vier verschiedene Grünkohlsorten zum Beispiel oder spitzes Rotkraut – Gemüse also, das in der Küche eine gute Portion Kreativität zulässt.

30 Prozent der Ernte gehen an ausgewählte Gastronomen, für die restlichen 70 Prozent haben die Winklers eine solidarische Landwirtschaft eingerichtet. 100 Familien sind am Hof beteiligt und können sich an vier

Stellen in der Gegend ihren Ernteanteil abholen. Wobei man, anders als bei gängigen Gemüsekistln, nicht wählen kann, sondern nehmen muss, was es gerade gibt. Das können dann schon große Mengen sein, die haltbar gemacht und gelagert werden müssen. Was dann noch übrig ist, bekommt die Tafel und wird von den Winklers für den Eigenbedarf verarbeitet.

»Bei uns wird alles verbraucht«, sagen Ursula und Josef Winkler, auch die Blätter, die sonst üblicherweise bei der maschinellen Ernte verloren gehen, gibt es bei ihnen gratis dazu. Schließlich schmecken diese besonders interessant und sorgen oft für zusätzliches Aroma in den Speisen. Denn darum geht es ja hauptsächlich: um den guten Geschmack, der Wohlbefinden erzeugt. Beim Gemüse braucht es dazu nicht sehr viel. Eine lebendige, chemiefreie Erde, ausgewähltes Saatgut und Landwirte, die mit Bedacht, Akribie und Liebe den Boden dafür aufbereiten.

16 WINTER-GEMÜSE & 80 REZEPTE

[CICHORIUM INTYBUS VAR. FOLIOSUM]

CHICORÉE

Manches Gemüse wird erst durch Zufall zur Delikatesse. So geschah es dem Chicorée, den man erst im 19. Jahrhundert in Belgien quasi entdeckte. Seither spielt er mit seinen feinen Bitterstoffen eine frische, knackige und gleichzeitig elegante Rolle in der Winterküche. Klassisch besticht er ja mit seiner noblen Blässe, seit einiger Zeit sorgen auch leicht rötlich gefärbte Sorten für farbliches Aufsehen.

Der Chicorée im Porträt

Das kann Chicorée

Die zarten Blätter schmecken angenehm herb mit einer bitter-süßlichen Note. Bei gesundheitsbewussten Köchen ist Chicorée wegen seiner großen Menge an Inulin bekannt. Dieses hält den Blutzuckerspiegel stabil, stärkt das Immunsystem und dämpft Hungergefühle. Außerdem kann es Fett binden und auf natürliche Weise das LDL-Cholesterin im Blut senken. Dazu kommt ein hoher Gehalt an Vitamin C – 10 mg pro 100 g – sowie an Vitamin A, das die Sehkraft der Augen stärkt und für eine schöne Haut sorgt. Mit einem Emissionswert von 40 g auf 100 g ist die CO2-Bilanz von Chicorée sehr gut.

Gut zu wissen

- Nur makellose Exemplare ohne braune Stellen verwenden. Chicorée sollte mehr bleich als grünlich sein, sonst sind die Bitterstoffe zu stark.
- Länger als 4 Tage hält Chicorée auch im Kühlschrank nicht. Also schnell verarbeiten und bis dahin dunkel lagern, da er sich sonst grün färbt und bitter wird. Rötliche Sorten sind milder im Geschmack.
- Große Chicorée-Sprossen eignen sich zum Füllen und Überbacken, kleine sind besser für Salat oder zum Dünsten.
- Kocht man die Blätter kurz in Milch, werden die Bitterstoffe abgemildert. Das geht auch, wenn man den Chicorée kurz in lauwarmes Wasser legt.
- Niemals in Töpfen, Pfannen oder Woks aus Eisen oder Aluminium zubereiten, da sich die bleichen Blätter sonst schwarz verfärben.
- Passt gut zu Mandarinen, Orangen und Granatapfel, zu Blattsalaten, Blauschimmelkäse, Kapern, Walnüssen und Sardellen. Auch exotische Gewürze wie Curry oder Kardamom gehen gut mit Chicorée.

Geschichte & Geschichten

Zuerst war die Wegwarte (oder Wilde Zichorie), eine uralte mitteleuropäische Heilpflanze mit langen Pfahlwurzeln. Diese wurden im Herbst ausgegraben, getrocknet, geröstet, gemahlen und mit kochendem Wasser aufgegossen. Das Ergebnis war eine Art Ersatzkaffee, auch als »Muckefuck« bekannt. Um 1830 entdeckten belgische Bauern, dass die im dunklen Keller gelagerten Zichorienwurzeln Blattsprossen ausbildeten, die sehr gut schmeckten. Sie begannen, die bleichen, weißlich-gelbgrünen Sprossen zu kultivieren und verkauften sie als »wit loof« (weißes Laub), und damit war die Salatzichorie oder Chicorée geboren. In Wien sagte man übrigens »Ziguriwasser« zum Ersatzkaffee, ein Ausdruck, mit dem man bis heute verächtlich dünnen Kaffee bezeichnet.

Im eigenen Garten

Aussaat: Im Frühjahr mit einem Pflanzabstand von 30 x 30 cm.
Standort: Günstige Vorfrüchte sind Kohlrabi, Rettich und Salate, ein guter Nachbar ist Lauch.
Ernte: Ab Oktober die ganzen Pflanzen mit einer Grabgabel ernten und ein paar Tage auf dem Beet liegen lassen. Dann die Blätter auf ca. 3 cm Länge kappen und die Wurzeln eng in einen Kübel mit Erde setzen. Einen zweiten Kübel darüberstülpen, sodass absolute Dunkelheit herrscht. Am besten in einen dunklen Keller mit einer Temperatur von ca. 15 °C stellen. Nach 3 bis 5 Wochen ist der Chicorée erntereif.

WAS WANN ZU TUN IST	Jän	Feb	Mär	Apr	Mai	Jun	Jul	Aug	Sep	Okt	Nov	Dez
Aussaat			●	●	●							
Ernte	●	●							●	●	●	●

Gratinierter Chicorée

mit Bauernschinken und Sauce Hollandaise

Zutaten

2 Chicorée
4 dünne Scheiben Bauernschinken
Butter zum Anbraten
Salz, weißer Pfeffer
2 EL Bergkäse, fein gerieben

Für die Bechamelsauce:
60 g Butter
40 g glattes Mehl
500 ml Milch
1 Prise Muskatnuss

Für die Sauce Hollandaise:
250 g Butter
3 Dotter
2 EL Weißwein
1 TL Zitronensaft
1 Msp. Cayennepfeffer
1 Spritzer Worcestershiresauce

Zubereitung

Chicorée putzen, halbieren und mit Schinken umwickeln. In einer Pfanne Butter zerlassen. Chicorée darin anbraten, mit Salz und Pfeffer würzen. Aus der Pfanne nehmen und in eine feuerfeste Form legen.

Für die Bechamelsauce Butter in einem Topf zerlassen. Mehl einrühren und mit Milch aufgießen. Mit Salz, Pfeffer und Muskatnuss würzen und 15 Minuten köcheln.

Für die Sauce Hollandaise Butter in einem Topf zerlassen und auf Zimmertemperatur bringen.
Dotter, Wein, 1 Prise Salz und Zitronensaft in einer Rührschüssel vermischen. Über einem Wasserbad so lange aufschlagen, bis die Masse ungefähr das doppelte Volumen hat. Die Schüssel vom Wasserbad nehmen und die Butter nach und nach unterziehen, sodass eine schöne Bindung entsteht. Mit weißem Pfeffer, Cayennepfeffer und Worcestershiresauce abschmecken.

Chicorée mit Bechamelsauce übergießen und mit Bergkäse bestreuen. Im vorgeheizten Backrohr bei 220 °C oder mit der Grillfunktion gratinieren. Mit Sauce Hollandaise anrichten.

Roter Chicorée-Salat

mit Schafkäse und Entenschinken

Zutaten

4 rote Chicorée
4 Champignons
12 Zuckererbsenschoten
20 Bällchen Schafkäse
24 Pecannüsse
1 geräucherte Entenbrust á ca. 150 g

Für das Dressing:
1 EL Himbeeressig
2 EL Himbeermark
1 EL Olivenöl
1 EL Wasser
Salz, Pfeffer
1 Prise Zucker
4 EL frische Cranberries

4 Scheiben Schwarzbrot
Olivenöl zum Anbraten

Zubereitung

Chicorée putzen und in Blätter zerteilen. Champignons putzen und in Scheiben schneiden. Erbsenschoten putzen und kurz in Salzwasser blanchieren.

Für das Dressing alle Zutaten in einem Topf einmal aufkochen. Vom Herd nehmen und 15 Minuten ziehen lassen.

Brotscheiben in einer Pfanne in Olivenöl knusprig anrösten. Herausnehmen und auf Küchenpapier abtropfen lassen.

Entenbrust in Scheiben schneiden. In einer Schüssel mit Chicorée, Champignons, Erbsenschoten, Schafkäse und Nüssen vermischen. Mit dem Dressing marinieren, abschmecken und mit geröstetem Brot anrichten.

Chicorée in Molke gegart

mit Gnocchi und Rotwein-Ei

Zutaten

4 Chicorée
500 ml Molke, natur
2 Scheiben Ingwer, geschält
Salz, weißer Pfeffer

Für die Kerbelpaste:
1 Bund Kerbel
1 EL Creme fraîche

Für die Gnocchi:
200 g mehlige Erdäpfel
Muskatnuss
50 g Frischkäse
1 Dotter
50 g griffiges Mehl
20 g Erdäpfelstärke
griffiges Mehl zum Ausrollen
50 g Butter zum Schwenken

Pochierte Eier:
500 ml Rotwein
500 ml Portwein
4 Eier (plus 4 Reserve-Eier)
Meersalzflocken

60 g Pankobrösel
20 g Butter
Nussbutterschaum (siehe Topinambursuppe S.162)

Zubereitung

Chicorée putzen. In einem Topf Molke mit Ingwer aufkochen, salzen und pfeffern. Chicorée zugeben und einmal aufkochen. Vom Herd nehmen, zudecken und 30 Minuten ziehen lassen.

Für die Paste Kerbel abzupfen, in Salzwasser blanchieren, abseihen und ausdrücken. Mit Creme fraîche fein mixen, salzen und pfeffern.

Für die Gnocchi Erdäpfel schälen und in Salzwasser weichkochen. Abseihen und ca. 10 Minuten ausdampfen lassen. Erdäpfel durch eine Kartoffelpresse drücken, mit Salz, Pfeffer und Muskatnuss würzen. Mit Frischkäse und Dotter vermischen, zum Schluss Mehl und Stärke rasch und kurz einrühren, damit der Teig nicht zu weich wird.
Eine Arbeitsfläche mit Mehl bestauben. Den Teig darauf zu einer Rolle formen und daumengroße Stücke abstechen.
In einem großen Topf Salzwasser aufkochen. Gnocchi zugeben, einmal aufkochen, 5 Minuten ziehen lassen und mit einem Siebschöpfer herausheben. In einer Pfanne Butter aufschäumen, Gnocchi durchschwenken. Kerbelpaste einmischen und abschmecken.

Für die Eier Rotwein und Portwein in einem Topf aufkochen. Jeweils 1 Ei in eine kleine Schüssel oder Schale schlagen. Die siedende Flüssigkeit mit einem Kochlöffel rotierend bewegen und die Eier einzeln vorsichtig hineingleiten lassen. Je nach Größe 5 bis 7 Minuten pochieren. Herausheben, auf Küchenpapier abtropfen lassen und mit Meersalzflocken bestreuen.

Eine beschichtete Pfanne erhitzen, die Brösel darin goldgelb rösten. Zum Schluss Butter unterziehen.
Nussbutterschaum zubereiten.

Chicorée mit Gnocchi, Rotwein-Ei und Nussbutterschaum anrichten und mit Bröseln bestreuen.

Tipp: Das Rezept geht z. B. auch mit Chinakohl, Schwarzwurzel oder Kürbis.

Chicorée-Birnen-Tartes

mit Topfencreme

4 kleine Tarteformen 8 cm Durchmesser

Zutaten

Für den Mürbteig:
75 g Butter
70 g Staubzucker
3 Dotter (ca. 60 g)
180 g glattes Mehl
1 Msp. Vanillemark
geriebene Schale von 1/4 Zitrone

Für den Belag:
1 Chicorée
2 Birnen
10 g Butter
50 g Zucker
1 Prise Salz
50 ml Obers

Für die Topfencreme:
16 g Zucker
1 Ei
1 Dotter
6 g Maisstärke
120 g Topfen
16 g flüssige Butter
1 Msp. Vanillemark

Für die Karamellsauce:
150 g Zucker
30 g Butter
1 Prise Salz
200 g Obers

2 EL Mandelblättchen

Zubereitung

Für den Teig alle Zutaten in einer Schüssel glatt verkneten. Zudecken und 30 Minuten bei Zimmertemperatur rasten lassen. Dann ausrollen und die Tarteformen damit dünn auskleiden.

Für den Belag Chicorée putzen und vierteln, Birnen schälen und dünnblättrig schneiden. In einer Pfanne Butter und Zucker aufschäumen, Chicorée und Birnen darin anbraten. Salzen, Obers zugießen und kurz köcheln. Vom Herd nehmen und überkühlen lassen.

Für die Creme Zucker mit Ei und Dotter schaumig schlagen, dann Maisstärke einrühren. Mit Topfen, flüssiger Butter und Vanillemark vermischen.

Chicorée und Birnen in die Tarteformen schichten. Mit der Topfencreme bedecken und 20 Minuten im vorgeheizten Backrohr bei 170 °C Heißluft backen.

Für die Karamellsauce Zucker mit Butter in einem Topf karamellisieren. Salzen, Obers zugeben und dickflüssig einkochen.

Mandelblättchen in einer beschichteten Pfanne ohne Fett anrösten.

Tartes noch warm aus den Förmchen nehmen, mit Mandelblättchen bestreuen und die Karamellsauce mit einem Löffel darüber ziehen.

Tipp: Dazu passt Zitronensorbet.

[DAUCUS CAROTA SUBSP. SATIVUS]

KAROTTE

Gemüsesorten kamen und gingen, wurden vergessen und manchmal wieder neu entdeckt, an ihr aber ist das spurlos vorübergegangen: Seit der Mensch an Wurzeln knabbert, steht die Karotte auf dem Speiseplan an oberster Stelle. Aus der ursprünglichen Wilden Möhre wurden die unterschiedlichsten Sorten im Farbspektrum von Weiß bis Dunkelviolett kultiviert. In sattem Orange, so wie wir sie heute kennen, gibt es sie allerdings erst seit 200 Jahren, womit sie die jüngste in der weitverzweigten Karottenfamilie ist.

Die Karotte im Porträt

Das kann die Karotte

Viele Nährstoffe, wenig Kalorien (31 kcal auf 100 g) und eine CO2-Bilanz von unter 30 g pro 100 g – damit wird sich die Karotte auch weiterhin beliebt machen. Bekannt ist sie für ihren hohen Gehalt an Beta-Karotin, das der Körper in Vitamin A umwandelt. Jedoch nur, wenn man sie kocht oder mit etwas Fett zubereitet. Roh ist sie zwar mit Ballaststoffen und Pektin sehr gesund, aber erst durch Hitze werden die Zellen aufgebrochen, die das wertvolle Karotin enthalten. Das stärkt die Sehkraft, sorgt für ein intaktes Immunsystem und impft unsere Zellen mit einem komplexen Schutzmechanismus, der sie vor freien Radikalen schützt und Hautalterung verzögert.

Gut zu wissen

- Sie eignen sich hervorragend zur Lagerung. Da sie keinen Frost vertragen, gibt es sie ab Oktober nur aus dem Glashaus oder als Lagerkarotten.
- Frische Freilandkarotten bleiben im Kühlschrank bis zu zwei Wochen knackig, aber nur ohne Grün, da dieses der Wurzel Saft entzieht. Lagerkarotten halten ungewaschen und ohne Grün viele Monate entweder in Sand gesteckt oder bei 1–5 °C mit hoher Luftfeuchtigkeit.
- Tipp: Man kann sie auch im Freien im Garten lagern. Dafür eine alte Waschmaschinentrommel eingraben (schützt vor Mäusen), die Karotten in die Erde stecken und alles mit einem Jutesack oder Stroh bedecken.
- Ob Karotten schälen oder nicht, wird zwar gerne diskutiert, ist aber letztlich Geschmacksache.
- Mit ihrem milden, süßlichen Aroma eignen sie sich für fast alles, was einem kulinarisch in den Sinn kommt, selbst zum Backen und für Kuchen. Sie sind auch Zutat in vielen heimischen Klassikern.
- Passen gut zu Sellerie, Kohlrabi, Erbsen, Lauch, Zwiebeln, Petersilie, Erdnüssen, Äpfeln, Orangen, Honig, Kokos und Zimt.

Geschichte & Geschichten

Die nachweisbar ältesten Funde von Karottensamen stammen aus dem Jahr 2000 v. Chr. Sie wurden von Archäologen in den Überresten von Pfahlbauten in der Schweiz sichergestellt. Ihren Ursprung in kultivierter Form dürften sie sowohl in Südeuropa im anatolischen Raum weiß oder gelb gefärbt, als auch rot-violett in Zentralasien haben.
Erst gegen Ende des 17. Jahrhunderts züchteten die Niederländer die allseits beliebte orangefarbige Sorte, zu der man in Österreich Karotte, im Bayerischen Gelbe Rübe und in Norddeutschland Möhre sagt, und die auch als Mohrrübe und Rübli bekannt ist.
In der Antike galt die Karotte als Aphrodisiakum, in der späteren Volksmedizin empfahl man sie u. a. gegen Magenbeschwerden und Blähungen. In früheren Schriften wie etwa bei Hildegard von Bingen oder im *Capitulare de villis* von Karl dem Großen lässt sie sich allerdings kaum von der Pastinake unterscheiden, erst bei Albertus Magnus im 13. Jahrhundert ist sie eindeutig zu identifizieren.

Im eigenen Garten

Aussaat für die Winterernte aus dem Frühbeetkasten: Juli, August (nur Sorten, die für den Herbstanbau empfohlen werden)
Aussaat direkt ins Beet: März bis Juni
Pflanzabstand: 15 x 35 cm, Saattiefe 2 cm
Standort: Sandig-lehmige, tiefgründig lockere, steinfreie Böden, nur gut verrotteten Kompost einarbeiten; bis zur Keimung feucht halten und vorsichtig mit feinem Strahl gießen. Brauchen ausreichend Standraum nach unten und rundherum, daher nach dem Säen ausdünnen.
Fruchtfolge: Erst nach 4 Jahren wieder im selben Beet anbauen. Kombination mit Pastinaken und Knollensellerie meiden. Gut mit Mangold, Radieschen, Chinakohl, Lauch, Zwiebeln und Erbsen.
Ernte: Je nach Aussaat von Juni bis November; Lagersorten halten in der Erde oder im kalten Keller bis ins Frühjahr.

WAS WANN ZU TUN IST	Jän	Feb	Mär	Apr	Mai	Jun	Jul	Aug	Sep	Okt	Nov	Dez
Aussaat			●	●	●	●	●	●				
Ernte	●	●	●			●	●	●	●	●	●	●

Karottensuppe

mit Blunzenknödel

Zutaten

Für die Suppe:
1 Zwiebel
4 Karotten
100 g Butter
1 Msp. Kardamom
1 Msp. Ingwer
Salz, Zucker
500 ml Obers
500 ml Karottensaft

Für die Füllung:
400 g Blunze
1 Schalotte
1 Knoblauchzehe
1 EL Butter
1 TL Majoran

Für den Teig:
500 g Erdäpfel
100 g griffiges Mehl
1 Ei
25 g Grieß
60 g Erdäpfelstärke
Salz, Pfeffer, Muskatnuss
griffiges Mehl zum Abdrehen
Weißbrotbrösel zum Wälzen

Für die Einlage:
2 Karotten
Saft von 1 Zitrone
1 TL Olivenöl
Salz, Pfeffer, Zucker

Zubereitung

Für die Suppe Zwiebel und Karotten schälen und klein würfeln.
In einem Topf Butter zerlassen, Zwiebel darin glasig anschwitzen.
Karotten zugeben, kurz mitschwitzen, mit Kardamom, Ingwer, Salz und Zucker würzen. Obers und Karottensaft zugießen und 30 Minuten köcheln lassen. Mit einem Pürierstab mixen, durch ein feines Sieb passieren und abschmecken.

Für die Füllung Blunze in Würfel schneiden. Schalotte und Knoblauch schälen und fein würfeln. In einer Pfanne mit Butter anschwitzen, Blunzenwürfel zugeben und kurz anbraten. Mit Majoran würzen und kalt stellen.
Dann ca. 12 kleine Kugeln formen und im Tiefkühler kurz anfrieren, so lassen sich die Knödel besser füllen.

Für den Teig Erdäpfel schälen, kochen und durch eine Kartoffelpresse drücken. Mit den restlichen Zutaten glatt verkneten, mit Salz, Pfeffer und Muskatnuss würzen.
Auf einer bemehlten Arbeitsfläche Rollen formen. Mit einer Teigkarte Stücke in Tischtennisballgröße abstechen und diese mit der bemehlten Hand flachdrücken. Mit einer Blunzenkugel füllen und Knödel drehen.
In einen Topf mit Salzwasser geben und einmal aufkochen, dann 10 Minuten sieden lassen. Mit einem Lochschöpfer herausheben.
Brösel in einer beschichteten Pfanne ohne Fett goldbraun rösten und die Knödel darin wälzen.

Für die Einlage Karotten waschen, schälen und in dünne Streifen schneiden. In einer Schüssel mit Zitronensaft und Öl vermischen. Würzen und 10 Minuten marinieren lassen.

Suppe in Tellern verteilen, Blunzenknödel und Karottenstreifen einlegen.

Karotten und Schweinebauch

mit Selleriecreme und eingelegten Marillen

Zutaten

Für die eingelegten Marillen:
100 ml Wasser
100 g Zucker
100 ml weißer Balsamessig
50 ml Weißwein
1 Stange Zitronengras, angedrückt
1/2 Zimtstange
1 Kaffirlimettenblatt
6 Marillen

Für die Selleriecreme:
1 Knollensellerie
100 g Butter zum Anschwitzen
Salz, Pfeffer, Muskatnuss
1 l Obers
150 g Butter

Für die Karotten:
8 Babykarotten
2 EL gesalzene Butter
Zucker
1 Msp. Chilipulver

Für den Schweinebauch:
3 EL Sojasauce
3 EL Sake
1 EL Ingwer, fein gerieben
1 TL Zucker
8 dünne Scheiben Schweinebauch
2 EL BBQ-Gewürzmischung
Öl zum Anbraten

Zubereitung

Zum Einlegen alle Zutaten außer den Marillen in einem Topf einmal aufkochen.
Marillen waschen, halbieren und entkernen. In ein Weckglas schichten, mit der heißen Flüssigkeit übergießen und verschließen. Einen Topfboden mit Küchenpapier belegen, 1/3 hoch warmes Wasser einfüllen, Rexglas hineinstellen und den Topf zudecken. Auf dem Herd 10 Minuten zum Sterilisieren köcheln, dann das Glas auskühlen lassen. An einem kühlen, dunklen Ort 2 Wochen ziehen lassen.

Für die Creme Sellerie schälen und in daumendicke Stücke schneiden.
In einem Topf mit Butter anschwitzen und würzen. Mit Obers aufgießen und Sellerie darin ca. 30 Minuten weichkochen
Sellerie abseihen und den Saft dabei auffangen. Butter langsam in einem Topf zu Nussbutter bräunen und durch ein Tuch abseihen.
Sellerie mit abgeseihtem Saft und Nussbutter im Mixer fein pürieren und abschmecken.

Karotten waschen und je nach Größe der Länge nach halbieren oder vierteln. In einer Pfanne gesalzene Butter aufschäumen, Karotten darin bissfest anbraten. Mit Salz, Zucker und Chilipulver würzen, dann auf Küchenpapier abtropfen lassen.

Für den Schweinebauch Sojasauce mit Sake, Ingwer und Zucker einmal aufkochen und vom Herd nehmen.
Schweinebauchscheiben mit der Gewürzmischung würzen und in einer Pfanne kurz scharf anbraten. Hitze reduzieren und die aufgekochte Würzflüssigkeit zugießen. Langsam einreduzieren, sodass der Schweinebauch schön glasiert wird.

Glasierten Schweinebauch mit etwas Selleriecreme anrichten, mit ein paar Karotten und Marillen belegen.

Karottenbrot

mit Linsen- und Erdäpfelaufstrich

Zutaten für das Brot

Für das Brot am Vortag:
120 g Sauerteig
30 g Roggenmehl
35 ml Wasser
40 g Haferflocken
25 g Sonnenblumenkerne
35 g Kürbiskerne
40 g gewürfeltes altes Brot
12 g Sesam
3 g Kümmel
180 ml Wasser

Für den nächsten Tag:
75 g Roggenmehl
90 g Dinkelmehl
3 g frische Germ
20 ml Wasser
8 g Salz
80 g geraspelte Karotten
4 g Bockshornklee
4 g Schabzigerklee
5 g Koriander, ganz
Butter für die Form
Ei zum Bestreichen
Körner zum Bestreuen

Zubereitung

Für das Brot am Vortag Sauerteig mit Mehl und Wasser in einer Schüssel ansetzen und über Nacht in den Kühlschrank stellen.
Ebenfalls am Vortag Haferflocken, Sonnenblumen- und Kürbiskerne mit altem Brot, Sesam und Kümmel in Wasser einweichen und zugedeckt über Nacht stehen lassen.
Am nächsten Tag beide Mehle in einen Rührkessel geben und in die Mitte eine Mulde drücken. Germ mit Wasser anrühren und mit den restlichen Zutaten sowie dem Sauerteig und den eingeweichten Körnern in die Mulde geben und vermischen. Mit dem Knethaken der Küchenmaschine zu einem glatten Teig verkneten. Zudecken und an einem warmen Platz 2 Stunden gehen lassen.
Eine Kastenform mit Butter ausstreichen. Den Teig auf Größe portionieren, durchkneten und in die Form legen. Nochmals zugedeckt 30 Minuten gehen lassen.
Mit Ei bestreichen und mit Körnern bestreuen. Bei 180 °C Heißluft im Backrohr 45 Minuten backen.

Für den Linsenaufstrich Berglinsen mit 1 l Wasser und Zitronensaft in einen Behälter geben. Zudecken und 3 Tage fermentieren lassen. Dann durch ein Sieb abseihen.
Linsen im Gemüsefond weichkochen. Mit Apfelessig und Curry mixen und abschmecken.

Für den Erdäpfelaufstrich Erdäpfel schälen und weichkochen. Karotten schälen und raspeln. Erdäpfel mit einer Gabel zerdrücken. In einer Schüssel mit geraspelten Karotten sowie den restlichen Zutaten vermischen und würzen.

Zutaten für die Aufstriche

Für den Linsenaufstrich:
250 g Berglinsen
1 l Wasser
Saft von 1/2 Zitrone
500 ml Gemüsefond
2 EL Apfelessig
1 TL Currypulver

Für den Erdäpfelaufstrich:
100 g Erdäpfel
100 g geraspelte Karotten
1 EL Sauerrahm
1 EL Creme fraîche
1 EL weißer Balsamico
1 EL Olivenöl
1 EL Schnittlauch
je 1 Prise Zucker, Salz,
Muskatnuss, Pfeffer

Karottengugelhupf

mit Buttercreme

Für 1 Guglhupfform

Zutaten

Für die Masse:
3 Eier
200 g brauner Zucker
Mark von 1/2 Vanilleschote
50 g Vanillezucker
200 ml Öl
600 g glattes Mehl
200 g Haselnüsse
1 Pkg. Backpulver
1 TL Zimt
600 g Karotten
Butter für die Form

Für die Buttercreme:
500 ml Milch
Mark von 1/2 Vanilleschote
2 Pkg. Vanillepuddingpulver
100 g Zucker
1 Dotter
500 g Butter

Für den Krokant:
500 g Kürbiskerne
100 g Zucker
1 Prise Salz
5 g Butter

4 EL Preiselbeermarmelade
1 Glas Amarenakirschen

Zubereitung

Für die Masse Eier mit braunem Zucker, Vanillemark und -zucker mit dem Mixer schaumig schlagen. Abwechselnd Öl und Mehl einrühren und dann Nüsse, Backpulver und Zimt unterheben. Karotten schälen, fein reiben und einmischen.
Eine Gugelhupfform mit Butter ausstreichen und die Masse einfüllen. Im vorgeheizten Backrohr bei 160 °C Heißluft 50 Minuten backen. Auf ein Kuchengitter stürzen und auskühlen lassen.

Für die Buttercreme 450 ml Milch mit Vanillemark erhitzen. Die restliche Milch mit Puddingpulver, Zucker und Dotter verrühren. In die heiße Milch mischen und 1 Minute kochen. Vom Herd nehmen und auf Zimmertemperatur abkühlen lassen.
Butter ebenfalls auf Zimmertemperatur bringen, dann mit der Puddingmilch aufschlagen. Wichtig: Nur wenn beide annähernd gleich temperiert sind, bindet die Creme.

Für den Krokant Kürbiskerne auf ein Backblech streuen. Im Backrohr bei 180 °C Heißluft 8 Minuten rösten.
In einem Topf Zucker karamellisieren. Geröstete Kerne zugeben und salzen. Butter zugeben, umrühren und die Masse auf ein Backpapier gießen. Auskühlen lassen, dann grob mixen oder hacken.

Gugelhupf quer in drei Teile schneiden. Die Böden mit Marmelade bestreichen, mit Buttercreme füllen und wieder zusammensetzen. Rundherum mit Buttercreme bestreichen und mit Krokant bestreuen. Restliche Buttercreme in einen Dressiersack mit Sterntülle füllen. Rosetten aufdressieren und mit Amarenakirschen garnieren.

[BRASSICA OLERACEA VAR. SABELLICA]

GRÜNKOHL

Er ist von graziler Schönheit, schlank und hochgewachsen, in saftigem Grün, mit fröhlich gekrausten Blättern besetzt – und dennoch hatte er lange einen eher miefigen Ruf. Erst seit Kurzem wird der Grünkohl kulinarisch neu entdeckt, legt sein Image als breiige bräunliche Pampe ab und darf seine bitter-süßlichen Aromen in knackiger Frische entfalten.

Der Grünkohl im Porträt

Das kann Grünkohl

Mit seinen wertvollen Inhaltsstoffen gilt er als König aller Kohlsorten. Bereits 100 mg Grünkohl genügen, um den täglichen Bedarf an Vitamin C zu decken und diese Mini-Portion enthält dazu noch die gleiche Menge an knochenstärkendem Kalzium wie 200 ml Milch. Dazu kommen Vitamin E, das freie Radikale bändigen und frühzeitiges Altern verhindern soll, und Vitamin A, das gut für Augen und Haare ist. Ballaststoffe und Mineralien helfen, dass man gut über den Winter kommt, mit 37 kcal pro 100 g legt sich der Grünkohl auch kaum ins Gewicht.

Gut zu wissen

- Nicht länger als 5 Tage im Kühlschrank aufbewahren, ab dann verliert sich der hohe Gehalt an Vitamin C.
- Damit Inhaltsstoffe und Aromen erhalten bleiben, nicht zu Tode kochen. Mit etwas Fett zubereitet, entfaltet das Vitamin E seine zellschützende Wirkung.
- Sand und Erde haften hartnäckig an den krausen Blättern und müssen gründlich ausgewaschen werden. Dann die harten Stiele entfernen. Zum Einfrieren die Blätter in Streifen schneiden und 2 Minuten blanchieren. Kurzes Blanchieren hilft auch, dem Grünkohl seine Bitterkeit zu nehmen.
- Kann aufgewärmt werden, wird dann aber bräunlich.
- Grünkohl wird erst nach den stärkeren Frösten süßlich und genießbar. Dass man diesen Effekt auch bei zu früher Ernte durch einen Frostschub beim Einfrieren erreichen kann, ist leider ein Irrtum, da dieser Prozess nur im Freien bei lebenden Pflanzen einsetzt.
- Schmeckt blanchiert als Salat, in der Suppe, im Eintopf und kann gedämpft, gedünstet, eingebrannt, gekocht, gebraten und karamellisiert werden.
- Passt gut mit Erdäpfeln, Zwiebeln, Knoblauch, Speck, Wurst und Geselchtem. Verträgt sich mit Gewürzen mit starkem Eigengeschmack, von Muskatnuss, Chili und Lorbeer bis Koriander und Zimt.

Geschichte & Geschichten

Obwohl in der nordeuropäischen Küche fest verankert, kommt der Grünkohl aus dem östlichen Mittelmeer. Die Römer schätzten ihn als »Sabellinischen Kohl«, sein enger Verwandter, der Cavolo Nero, gilt bis heute in Italien als Delikatesse. Während die alten Römer glaubten, mit Grünkohl könne man Schlangenbisse heilen, versuchten die alten Griechen damit ihren Kater nach Saufgelagen zu lindern.
Ab Mitte des 16. Jahrhunderts verbreitete sich der Grünkohl rasant im Norden und zählte bald in Holland, Großbritannien, Skandinavien und Norddeutschland zu den beliebtesten Gartengemüsen. Ein Klassiker aus dem Friesischen und Oldenburger Raum ist »Kohl und Pinkel« – Kohl mit einer grobkörnigen Speck-Getreide-Wurst. Dort nennt man den Grünkohl auch »Friesische Palme«.
Heute gibt es nur mehr kleinwüchsige Sorten, früher wurden die mannshohen hölzernen Strünke zum Ausbessern von Zäunen und als Brennmaterial verwendet.

Im eigenen Garten

Aussaat: Mai bis Mitte Juni, Auspflanzung: Juni bis Mitte Juli; Pflanzabstand 40 x 60 cm, da die Pflanzen viel Platz brauchen.
Standort: Sonnig bis halbschattig, mit nährstoffreicher, vorgedüngter, tiefgründiger Erde. Ist anfällig für Kohlkrankheiten, daher nur in Beeten anbauen, in denen ein paar Jahre keine Kohlart gewachsen ist.
Gut als Nachkultur von Stickstoffsammlern wie Erbsen oder Bohnen.
Gute Nachbarn sind Sellerie, Spinat, Bohnen, Rettich und Pastinake.
Ernte: Nach den ersten starken Frösten im November bis März. Niedrige Temperaturen steigern den Zuckergehalt und das typische Aroma, unter -10 °C wird es jedoch kritisch.
Tipp: Lässt man die Pflanzen nach der Ernte im Beet stehen, beginnen sie ab März zu blühen und sind nicht nur eine Augen-, sondern auch eine Bienenweide.

WAS WANN ZU TUN IST	Jän	Feb	Mär	Apr	Mai	Jun	Jul	Aug	Sep	Okt	Nov	Dez
Aussaat					●	●	●					
Ernte	●	●	●								●	●

Grünkohl-Minestrone

mit Nudeln

Suppe für 4 Personen

Zutaten

Für die Suppe:
200 g Grünkohl
1 Schalotte
1 Knoblauchzehe
5 g Ingwer
1 kl. Chilischote
1 EL Maiskeimöl
2 l Eiswasser
200 ml Eiklar
Salz, Pfeffer
50 ml Sojasauce

Für den Nudelteig:
125 g griffiges Mehl
125 g feiner Nudelgrieß
200 g Dotter
25 ml Olivenöl
25 ml Wasser
1 Prise Salz
Mehl für die Arbeitsfläche

Für die Einlage:
200 g Grünkohl
8 Kirschparadeiser
4 EL Parmesan, fein gerieben

Zubereitung

Für die Suppe Grünkohl waschen und zerkleinern. Schalotte, Knoblauch und Ingwer schälen und fein schneiden. Chilischote ebenfalls klein schneiden. In einem großen Topf Öl erhitzen, Grünkohl, Schalotte, Knoblauch, Ingwer und Chili darin kräftig anbraten. Mit 2 l Eiswasser aufgießen und Eiklar unterrühren. Bei mittlerer Hitze langsam aufkochen, so wird die Suppe geklärt. 2 Stunden ziehen lassen, dann durch ein feines Sieb oder Tuch passieren. Mit Salz, Pfeffer und Sojasauce abschmecken.

Für den Nudelteig alle Zutaten in einer Schüssel vermischen und mit dem Rührwerk einer Küchenmaschine glatt verkneten. Eine Arbeitsfläche bemehlen und den Teig dünn ausrollen (oder mit einer Nudelmaschine bearbeiten). In Streifen schneiden und in der Grünkohl-Minestrone bissfest kochen.

Für die Einlage Grünkohl aufblättern und in Salzwasser blanchieren. paradeiser kreuzweise einritzen, kurz in kochendes Wasser tauchen. Sofort kalt abschrecken und die Haut abziehen.

Grünkohlblätter und Paradeiser mit Nudeln in Schalen verteilen, mit Minestrone übergießen und mit Parmesan bestreuen.

Grünkohltascherl

mit Chilisauce

Zutaten

Für die Farce:
50 g Hendlbrust
50 ml Obers
25 g Eiklar
Salz, Muskatnuss

Für die Füllung:
200 g Grünkohl
2 EL Maroni, gekocht
1 Hendlbrust ohne Haut
1 Chilischote
1 TL Ingwer
1 Junglauch
Pfeffer, Muskatnuss

1 Pkg. Wan-Tan-Teig
Eiklar zum Bestreichen
Butter zum Anbraten

Für die Sauce:
1 Knoblauchzehe
1/4 Chilischote
1 EL Sesamöl
25 g Zucker
100 ml weißer Balsamico
250 ml Sojasauce

Zubereitung

Für die Farce Hendlbrust klein würfeln. Mit Obers und Eiklar vermischen und würzen. Mit einem elektrischen Zerkleinerer zu einer feinen Masse mixen.

Für die Füllung Grünkohl blanchieren und klein hacken. Maroni grob hacken. Hendl, Chili und Ingwer in kleine Würfel, Junglauch in feine Ringe schneiden. Alles mit der Farce vermischen, mit Salz, Pfeffer und Muskatnuss würzen.

Wan-Tan-Teigblätter auflegen und die Fülle in der Mitte darauf verteilen. Die Ränder mit Eiklar bepinseln, zu Tascherln zusammenklappen und fest andrücken.
Über Wasserdampf 10 Minuten dämpfen.
In einer Pfanne Butter zerlassen, die Tascherl darin knusprig goldgelb anbraten.

Für die Sauce Knoblauch und Chilischote fein würfeln.
In einem Topf Sesamöl erhitzen, Zucker, Knoblauch und Chili zugeben. Karamellisieren und mit Balsamico ablöschen. Sojasauce zugießen und einmal aufkochen lassen.
Sauce zu den Grünkohltascherln servieren.

Grünkohl-Eierstich

mit gebeiztem Lachs und Misomayonnaise

Zutaten

Für den gebeizten Lachs:
600 g Salz
200 g Zucker
400 g Lachsfilet

Für den Eierstich:
600 g Grünkohl
6 Eier
2 Dotter
1 EL Misopaste
2 EL heller Mirin
1 EL Sojasauce

Für die Teriyakisauce:
5 El Sojasauce
100 g Zucker
2 EL Sake

Für die Mayonnaise:
1 Dotter
3 EL lauwarmer Gemüsefond
1 TL Senf
Pfeffer, Cayennepfeffer
250 ml Maiskeimöl
1 TL Honig
1 TL Misopaste
1 Spritzer Limettensaft

4 Blätter Grünkohl
Butterschmalz zum Frittieren

Zubereitung

Zum Beizen Salz mit Zucker vermischen. Das Lachsfilet komplett damit bedecken und 3 Stunden im Kühlschrank ziehen lassen. Dann die Beize vorsichtig abklopfen, das Filet mit kaltem Wasser abwaschen und trocken tupfen.

Für den Eierstich Grünkohl in kräftig gesalzenem Wasser blanchieren, abseihen und auspressen.
Die restlichen Zutaten in einer Schüssel vermischen, salzen und mixen. Eine rechteckige Form mit Frischhaltefolie auslegen. Ausgepressten Grünkohl darin verteilen. Mit der Eimasse übergießen und durchrühren. Im Dampfgarer bei 91 °C ca. 40 Minuten garen.

Für die Teriyakisauce alle Zutaten einmal aufkochen und abkühlen lassen.

Für die Mayonnaise Dotter mit Gemüsefond und Senf vermischen, mit Salz, Pfeffer und Cayennepfeffer würzen. Mit einem Schneebesen aufschlagen und dabei das Öl tropfenweise einlaufen lassen, sodass eine Bindung entsteht. Zum Schluss Honig, Misopaste und Limettensaft einrühren und abschmecken.

Grünkohlblätter waschen und trocken tupfen. In heißem Butterschmalz frittieren und auf Küchenpapier abtropfen lassen.

Eierstich und Lachsfilet aufschneiden, mit Teriyakisauce, Mayonnaise und frittiertem Grünkohl anrichten.

Grünkohleintopf

mit Jagdwurst

Zutaten

800 g Grünkohl
1 Zwiebel
2 Knoblauchzehen
1 Petersilwurzel
1 Karotte
100 g Sellerie, geschnitten
200 g Frühstücksspeck
1 Jagdwurst
200 g Butter
Salz, Pfeffer, Muskatnuss
250 ml Weißwein
500 ml Gemüsefond

Zubereitung

Grünkohl klein zupfen und waschen. Zwiebel, Knoblauch und Wurzelgemüse schälen. Zwiebel in Spalten schneiden, Knoblauch vierteln, Wurzelgemüse grob würfeln. Frühstücksspeck und Jagdwurst in dickere Scheiben schneiden.

In einem Topf Butter zerlassen, Zwiebel, Knoblauch, Speck, Wurst und Wurzelgemüse darin anschwitzen, bis Röstaromen entstehen. Mit Salz, Pfeffer und Muskatnuss würzen, mit Wein ablöschen und etwas einreduzieren. Mit Gemüsefond aufgießen und ca. 30 Minuten köcheln, bis das Gemüse weich ist. Zum Schluss abschmecken und im Topf servieren.

Hauptspeise für 4 Personen

[BRASSICA OLERACEA CONVAR. CAPITATA VAR. RUBRA]

ROTKRAUT

Wenn das kein Signal ist! Mit seinen rötlich-bläulichen Nuancen bringt das Rotkraut Farbe in die Monochromie des Winters. Zumeist in einer Nebenrolle als Beilage, aber das mit einer Präsenz, bei der nur starke Partner eine Chance haben. Auch wenn sein Name so manch Rätsel aufgibt, weniger geheimnisvoll ist sein Geschmack: Mild und süßlich verführt er auch jene, die mit der restlichen Familie Kohl nicht gerade auf Du sind.

Das Rotkraut im Porträt

Das kann Rotkraut

Wie alle Kohlarten enthält Rotkraut eine hohe Menge an Vitamin C, 50 mg auf 100 g, was es im Winter besonders wertvoll macht. Dazu kommen das herzfreundliche Kalium, Eisen und sekundäre Pflanzenstoffe, die dem Rotkraut seine typische Farbe geben und dazu noch gesundheitsfördernd wirken. Allen voran der natürliche Farbstoff Anthozyan, der die Zellen schützt und damit auch Krebserkrankungen vorbeugen soll. In der Volksmedizin zum Einsatz kam Rotkraut früher als Heilmittel für alles, was mit Blut zusammenhängt, sowie bei Venenentzündungen. Heute schätzt man das Gemüse mehr für seinen kulinarischen Wert, mit gerade einmal 27 kcal auf 100 g fällt es roh auch kaum ins Gewicht.

Gut zu wissen

- Violett glänzende, kräftige Außenblätter sind ein Zeichen von Frische. Hält im Kühlschrank etwa 2 Wochen. Angeschnittenes Kraut verliert das wertvolle Vitamin C, daher rasch verbrauchen. Nicht neben Äpfeln, Paradeisern und Paprika aufbewahren. Diese enthalten Ethylen, das den Welkprozess beschleunigt.
- Wenn man es an der Wurzel kopfüber bei hoher Luftfeuchtigkeit und 0 Grad im Keller aufhängt, kann man das Rotkraut bis zu 6 Monate lagern.
- Süße Zutaten färben es bläulich-violett, Säure hingegen sorgt für einen kräftigen Rotton.
- Roh oder kurz gegart bleiben Geschmack und Farbe am besten erhalten. Etwas Zitronensaft oder ein klein gewürfelter Apfel im Kochwasser intensivieren das Rot.
- Schmeckt roh als Salat oder Aufstrich, gedünstet, geschmort, in Krautfleckerln und im Strudel.
- Passt gut mit Maroni, Äpfeln, Orangen und Rüben, zur gebratenen Gans, Ente, Wild, Rind und Schwein, und mit Gewürzen wie Muskatnuss, Lorbeerblatt und Nelken.

Geschichte & Geschichten

Wie seine Verwandten stammt auch das Rotkraut vom Wildkohl ab. Wann und wo es zur Züchtung kam, ist nicht überliefert, aber Hildegard von Bingen erwähnt im 12. Jahrhundert erstmals »rubeae caules«, was in etwa »rötlicher Stängel« bedeutet. Auf sauren Böden angebaut, entwickelt das Rotkraut zwar einen rötlicheren und auf alkalischen eher einen bläulichen Farbton, insgesamt erscheint es allerdings mehr violett oder lila. Diese beiden Begriffe hielten aber erst im 18. Jahrhundert von Frankreich aus Einzug in die deutsche Sprache, daher musste auf die bekannten Farben Rot oder Blau zurückgegriffen werden. Man kennt das Gemüse also als Rot- oder Blaukraut und als Rotkohl. Neben »Fischers Fritze« ist »Blaukraut bleibt Blaukraut und Brautkleid bleibt Brautkleid« der bekannteste Zungenbrecher unserer Sprache.

Im eigenen Garten

Aussaat: Herbst- und Wintersorten Anfang April im Frühbeet, Auspflanzung ab Mai bis Ende Juni im Abstand von 50 x 50 cm.
Standort: Sonnig oder halbschattig auf humosen, tiefgründigen Lehmböden mit schwach saurem bis schwach basischem pH-Wert. Gute Nachbarn sind Karotten, Salat, Zwiebeln, Gartenbohnen und Paradeiser.
Gute Vorfrüchte: Erdäpfel, Erbsen und Gartenbohnen. Erst nach vier Jahren wieder im selben Beet und dazwischen keine anderen Kohlsorten und Kreuzblütler dort anbauen.
Ernte: Ab Oktober, zum Einlagern solange es geht im Beet lassen und erst kurz vor dem Frost ernten. Samt Strunk aus der Erde ziehen und die Wurzeln grob befreien, damit keine Verletzungen entstehen. Ohne Strunk am besten einschichtig in Obstkisten legen.

WAS WANN ZU TUN IST	Jän	Feb	Mär	Apr	Mai	Jun	Jul	Aug	Sep	Okt	Nov	Dez
Aussaat				●	●	●						
Ernte										●	●	

Rotkrautsuppe

mit Topfennockerln

Zutaten

Für die Suppe:
1 Rotkrautkopf à ca. 1 kg
1 Zwiebel
100 g Butter
Salz, Pfeffer
1 Msp. Zimt
250 ml Rotwein
250 ml roter Portwein
500 ml Gemüsefond
500 ml Rotkrautsaft
1 EL Preiselbeeren
250 ml Obers

Für die Nockerln:
190 g magerer Topfen (10 %)
20 g flüssige Butter
25 g glattes Mehl
1 Ei
25 g Pankobrösel
Muskatnuss

Für die Garnitur:
2 Scheiben Toastbrot
Butterschmalz zum Herausbacken
1 Bund Dille

Zubereitung

Rotkraut putzen, vom Strunk befreien und klein schneiden. Zwiebel schälen und würfeln.
In einem Topf Butter erhitzen, Zwiebel darin anschwitzen. Kraut zugeben, mit Salz, Pfeffer und Zimt würzen. Mit Rotwein und Portwein ablöschen und etwas einreduzieren. Gemüsefond, Rotkrautsaft, Preiselbeeren und Obers zugießen und die Suppe 1 Stunde köcheln lassen.

Für die Nockerln alle Zutaten zu einem geschmeidigen Teig verrühren, mit Salz, Pfeffer und Muskatnuss abschmecken. Abdecken und 1 Stunde im Kühlschrank kalt stellen.
In einem Topf Salzwasser aufkochen. Mit einem Löffel Nockerln aus dem Teig stechen und 15 Minuten sieden lassen.

Für die Garnitur Toastbrot entrinden und klein würfeln. In Butterschmalz bei 170 °C frittieren. Die Croutons herausnehmen, auf Küchenpapier abtropfen lassen und salzen.

Suppe in Teller schöpfen und mit Topfennockerln belegen. Mit Croutons und abgezupfter Dille bestreuen.

Bauernente

mit Rotkraut und Buchteln

Zutaten

1 Weideente
Butter zum Einstreichen
Salz

Für das Rotkraut:
350 g Rotkraut
Salz, Pfeffer
Zitronensaft zum Marinieren
1 Zwiebel
1 Apfel
20 g Zucker
2 EL Rotweinessig
150 ml roter Portwein
150 ml Rotwein
1 EL Honig
Saft von 1 Orange
50 g Preiselbeeren

Für die Buchteln:
250 g Erdäpfel
125 g glattes Mehl
125 g griffiges Mehl
Muskatnuss
20 g frische Germ
125 ml Milch
60 g flüssige Butter
flüssige Butter zum Eintauchen
Mehl für die Arbeitsfläche

Zubereitung

Ente zuputzen und waschen. In einem Topf mit Wasser bedecken und 90 Minuten kochen. Herausnehmen, trocken tupfen und rundum mit Butter einstreichen. Innen und außen salzen und über Nacht in den Kühlschrank stellen.

Backrohr auf 230 °C Heißluft vorheizen. Die Ente auf ein Gitter setzen und mit einem Tropfblech ins Rohr schieben. 35 Minuten knusprig braten.

Rotkraut putzen und klein schneiden. In einem Topf mit Salz, Pfeffer und Zitronensaft vermischen. Zudecken und über Nacht marinieren lassen. Zwiebel schälen und klein würfeln. Apfel schälen und fein reiben.
In einem Topf Zucker karamellisieren und mit Essig ablöschen. Portwein und Rotwein zugießen, Zwiebel zugeben und auf die Hälfte einreduzieren. Honig, Orangensaft und Preiselbeeren einmischen, dann Rotkraut zugeben und 1 Stunde weichdünsten. Zum Schluss fein geriebenen Apfel einmischen und abschmecken.

Für die Buchteln Erdäpfel schälen, kochen und durch die Erdäpfelpresse drücken. In einem Rührkessel mit Mehl vermischen, mit Salz, Pfeffer und Muskatnuss würzen. In die Mitte eine Mulde drücken. Germ mit lauwarmer Milch und flüssiger Butter verrühren und in die Mulde gießen. Zudecken und an einem warmen Ort 15 Minuten gehen lassen. Dann in der Küchenmaschine mit dem Knethaken zu einem glatten Teig verkneten.
Eine Arbeitsfläche bemehlen und aus dem Teig eine Rolle formen. Tennisballgroße Stücke abstechen und mit bemehlten Händen zu Kugeln formen. In flüssige Butter tauchen und in eine feuerfeste Form schlichten. Mit einem Tuch abdecken und an einem warmen Ort nochmals 30 Minuten gehen lassen.
Backrohr auf 170 °C Ober-/Unterhitze vorheizen. Buchteln im Rohr 30 Minuten backen. Dann mit den Händen auseinanderzupfen.

Ente tranchieren, mit Rotkraut und heißen Buchteln anrichten.

Rotkrautstrudel

mit Süßkartoffelcreme

Zutaten

Für den Strudel:
12 EL Rotkraut wie bei Bauern-ente (S. 68)
3 Dotter
4 EL Herbsttrompeten (oder Kräuterseitlinge, Champignons etc.)
1 Schalotte
2 EL Butter
Salz, Pfeffer
Butter zum Einstreichen
1 Pkg. Studelteig

Für die Creme:
2 Süßkartoffeln
Meersalz für die Form
1 EL Creme fraîche

Zubereitung

Für den Strudel Rotkraut zubereiten, dann mit Dotter vermischen.
Pilze gut waschen und fein hacken, Schalotte schälen und würfeln. In einer Pfanne Butter aufschäumen, Schalotten darin anschwitzen. Pilze zugeben, salzen und pfeffern.

Backrohr auf 170 °C Ober-/Unterhitze vorheizen. Kaffeetassen mit Butter ausstreichen.
Strudelteig auflegen und in breite Streifen mit einer Länge vom doppelten Durchmesser der Tassen schneiden. Die Streifen über Kreuz in die Tassen legen. Zunächst etwas von den Pilzen daraufschichten und den Rest der Pilze beiseite stellen. Dann mit Krautfülle belegen, den Teig darüber zusammenklappen und mit Butter bestreichen.
Im Rohr 35 Minuten backen.

Für die Creme Süßkartoffeln gut waschen und mit einer Gabel anstechen. Den Boden einer feuerfesten Form mit Meersalz bedecken und die Kartoffeln daraufsetzen.
Im Backrohr bei 180 °C Ober-/Unterhitze 50 Minuten garen.
Süßkartoffeln der Länge nach halbieren und die Masse herausschaben.
In einem Becher mit Crème fraîche vermischen, salzen und pfeffern.
Zu einer glatten Creme mixen.

Süßkartoffelcreme auf Teller streichen. Strudel aus den Tassen stürzen, halbieren und daraufsetzen. Pilze erwärmen und dazu anrichten.

Rotkrautsoufflé

mit Schokosauce

Zutaten

70 g Rotkraut
50 g dunkle Schokolade
60 g Dotter (von 3 Eiern)
50 g flüssige Butter
50 g Maisstärke
90 g Eiklar (von 3 Eiern)
7 g Zucker
Butter und Zucker für die Förmchen

Für die Schokosauce:
220 g dunkle Schokolade
75 ml Milch
50 g Obers
30 g Zucker
40 ml Wasser
40 g Glukose

Für die Garnitur:
4 EL geschnittenes Rotkraut
2 EL Preiselbeeren
80 ml Obers
1 EL Vanillezucker

Zubereitung

Für das Soufflé Rotkraut klein schneiden und im Mixer pürieren. Schokolade fein raspeln und schmelzen.
Backrohr auf 150 °C Heißluft vorheizen.
Rotkraut mit Dotter, Butter und Schokolade vermischen, Maisstärke unterrühren.
Eiklar mit Zucker zu Schnee schlagen und vorsichtig unterheben.
Förmchen mit Butter ausstreichen und mit Zucker ausstreuen. Die Masse 3/4 hoch einfüllen und im Rohr 25 Minuten backen. Dabei ein Gefäß mit Wasser für die Luftfeuchtigkeit mit ins Rohr stellen.

Für die Sauce Schokolade fein raspeln und schmelzen.
In einem Topf Milch mit Obers, Zucker, Wasser und Glukose einmal aufkochen. Schokolade in 3 Schüben zugeben und glatt rühren.

Geschnittenes Rotkraut und Preiselbeeren mit einem Stabmixer pürieren und auf Teller streichen. Die Soufflés daraufsetzen und mit warmer Schokosauce übergießen. Obers mit Vanillezucker steif schlagen und die Soufflés damit garnieren.

[PASTINACA SATIVA]

PASTINAKE

Auch Gemüse ist Modeströmungen unterworfen. Jahrhundertelang war die Pastinake das beliebteste Wurzelgemüse der Mitteleuropäer. Doch im 18. Jahrhundert wurde sie von der leichter zu kultivierenden Erdäpfel verdrängt und geriet vollends in Vergessenheit. Erst mit dem aufkeimenden Sinn für biologische Landwirtschaft und dem Bewusstsein für alte Sorten tauchte sie wieder aus der Versenkung auf und erobert sich ihren Platz in unseren Küchen wieder zurück.

Die Pastinake im Porträt

Das kann die Pastinake

Pastinaken schmecken leicht süßlich, angenehm erdig und nussig. Trotz ihres Zuckergehalts sind sie kalorienarm – nur 59 kcal pro 100 g – und entlasten durch das reichlich enthaltene Kalium – 523 mg pro 100 g – Herz und Kreislauf. Sie sind leicht verdaulich und wirken mit ätherischen Ölen beruhigend auf den Magen. Beliebt als Grundnahrungsmittel waren sie früher noch wegen des lang anhaltenden Sättigungsgefühls, das von den vielen Kohlenhydraten (Zucker, Stärke und der Quellstoff Pektin) erzeugt wurde. Mit einem Emissionswert von 130 g pro 100 g liegen die Pastinaken auch in ihrer CO2-Bilanz recht gut.

Gut zu wissen

- Lieber kleine Pastinaken nehmen, sie sind zart und nussig. Größere Wurzeln sind oft holzig und faserig. Junge Exemplare braucht man nicht zu schälen, es reicht, sie abzubürsten.
- Ist die Schale matt und runzelig, sind sie entweder alt oder wurden falsch gelagert und schmecken nicht mehr so gut. Auch am welken Grün erkennt man, dass sie nicht mehr frisch sind.
- Geschält werden sie mit einem Sparschäler, zum Schluss schneidet man beide Enden ab.
- Pastinaken lassen sich gut einfrieren. Dazu schälen, würfeln oder stifteln und 2 Minuten in Salzwasser blanchieren. So halten sie ca. 1 Jahr.
- Schmecken als Ofengemüse, gekocht, gebraten, als Püree, Suppe, Sauce und als knusprige Chips.
- Passen gut zu anderen Wurzeln wie Karotten und Petersilwurzel, zu Hülsenfrüchten sowie in Kombination mit Äpfeln, Honig, Ingwer, Senf und Muskatnuss.

Geschichte & Geschichten

Die Wildform der Pastinake war einst in ganz Europa bis nach Eurasien bekannt. Sie soll eines der Lieblingsgemüse des römischen Kaisers Tiberius gewesen sein, so notierte es zumindest der bekannte Feinspitz Plinius der Ältere. Tiberius ließ sich sogar einen Teil seines Tributs, den er von den Germanen einforderte, in Pastinaken auszahlen, die am Rhein angebaut wurden. Daher sagte man bald »Germanenwurzel« zu ihr. Als Schafwurz war sie ebenfalls bekannt, weil man sie an Schafe und Kühe verfütterte, damit sie bessere Milch gaben. Aus diesem Grund wurde sie übrigens auch den Ammen empfohlen.

Im eigenen Garten

Aussaat: April bis Anfang Mai, für Lagergemüse erst Anfang Juni; in Reihen mit einem Pflanzenabstand von ca. 40 x 15 cm
Standort: Tiefgründige, lehmige, humose Beeterde, gut aufgelockert, mit reifem Kompost eingearbeitet. Günstige Vorfrüchte sind Bohnen oder Erbsen, als Mischkultur eignen sich Radieschen oder Schnittsalate, die bereits geerntet sind, wenn die Wurzeln Platz brauchen.
Ernte: Mitte September bis März. Sie vertragen bis zu -20 °C und können im abgedeckten Beet überwintern und frisch geerntet werden. Erntet man sie vor den Frösten, steckt man sie in mit Erde gefüllte Kübel und stellt sie in den dunklen Keller. So bleiben sie frisch.
Tipp: Empfindliche Menschen sollten Pastinaken mit Handschuhen ernten. Ihre Blätter enthalten Stoffe, die in Kombination mit Sonnenlicht zu Juckreiz führen können.

WAS WANN ZU TUN IST	Jän	Feb	Mär	Apr	Mai	Jun	Jul	Aug	Sep	Okt	Nov	Dez
Aussaat				●	●	●						
Ernte	●	●	●						●	●	●	●

Pastinaken-Frikassee

mit Hendl

Zutaten

2 größere Pastinaken
Olivenöl zum Bestreichen
Salz, Pfeffer

Für die Velouté:
1 Schalotte
1 Knoblauchzehe
1 EL Butter
1 EL glattes Mehl
250 ml Weißwein
125 ml Obers
250 ml Geflügelfond
Muskatnuss
1 Lorbeerblatt

2 Hendlbrüste mit Haut
1 Karotte
8 Champignons
2 EL Erbsen
1 Stangensellerie
Petersilie für die Garnitur

Zubereitung

Backrohr auf 200 °C Umluft vorheizen. Pastinaken waschen, halbieren und auf ein mit Backpapier ausgelegtes Blech legen. Mit Öl bestreichen, salzen und pfeffern. Im Rohr 25 Minuten schmoren.
Mit einem Teelöffel vorsichtig aushöhlen. Die ausgehöhlte Masse für das Frikassee und den Rest der Wurzel zum Befüllen beiseitestellen.

Für die Velouté Schalotte und Knoblauch schälen, Schalotte würfeln, Knoblauch reiben.
Butter in einem Topf zergehen lassen, Schalotte und Knoblauch darin glasig anschwitzen. Mit Mehl stauben, mit Wein ablöschen, mit Obers und Fond aufgießen. Mit Salz, Pfeffer und Muskatnuss würzen und Lorbeerblatt einlegen. Einmal aufkochen und bei geringer Hitze 10 Minuten köcheln.

Haut von den Hendlbrüsten abziehen und flach zwischen 2 Backpapierblätter legen. Im Rohr bei 200 °C ca. 10 Minuten knusprig braten. Herausnehmen, auf Küchenpapier abtropfen lassen und in kleine Stücke brechen.

Hendl in mundgerechte Stücke schneiden. Karotte schälen und würfeln, Champignons putzen und vierteln. Stangensellerie waschen und den grünen Teil klein würfeln (ca. 2 EL).
In einer Pfanne Öl erhitzen, Hendlstücke darin kurz anbraten und herausnehmen. Karotten und Champignons ebenfalls in der Pfanne anbraten. Hendl mit Pastinakenmasse, einem Teil der getrockneten Hendlhaut, Karotten, Champignons, Sellerie und Erbsen unter die Velouté mischen und kurz kochen. In die ausgehöhlten Pastinaken füllen, mit getrockneter Hendlhaut und Petersilblättern garnieren.

Pastinaken-Blunze-Kroketten

mit Apfelkren

Vorspeise für 4 Personen

Zutaten

Für den Apfelkren:
2 Äpfel
100 ml Weißwein
100 ml weißer Portwein
2 EL frischer geriebener Kren

Für die Kroketten:
2 Pastinaken
400 g Blunze
1 Ei zum Bestreichen
Mehl, Eier und Brösel zum Panieren
Butterschmalz zum Frittieren
Salz

Zubereitung

Für den Apfelkren Äpfel schälen und reiben.
In einem Topf Wein mit Portwein aufkochen. Äpfel zugeben und so lange einkochen, bis die Flüssigkeit verkocht ist. Vom Herd nehmen und Kren einmischen. In kleine Gläser füllen, verschließen und kalt stellen.

Für die Kroketten Pastinaken schälen und in dicke Scheiben schneiden.
Die Scheiben rund austechen und die Abschnitte beiseite stellen.
Ausgestochene Pastinaken 5 Minuten in Salzwasser blanchieren, in Eiswasser abschrecken und trocken tupfen.
Blunze ebenfalls in Scheiben schneiden und rund ausstechen.
Abwechselnd 3 Pastinaken- und 2 Blunzenscheiben zu Kroketten aufeinanderschichten. Mit Ei bestreichen und kurz im Tiefkühler anfrieren, damit man sie besser panieren kann.
Kroketten mit Mehl, Ei und Brösel panieren.
Butterschmalz auf 150 °C erhitzen, Kroketten darin schwimmend 8 Minuten frittieren. Auf Küchenpapier abtropfen lassen, der Länge nach halbieren und salzen.

Die Pastinaken-Abschnitte ebenfalls frittieren, abtropfen lassen und salzen.
Kroketten mit frittierten Abschnitten und Apfelkren anrichten.

Rehfaschiertes

mit Pastinakenpüree und Chips

Zutaten

Für das Petersilöl:
100 g Krause Petersilie
1 Prise Salz
200 ml Maiskeimöl

Für das Püree:
2 Pastinaken
1 EL Butter
125 ml Obers
400 ml Gemüsefond
Pfeffer, Muskatnuss

Für das Faschierte:
400 g Rehschulter
50 g Frühstücksspeck
100 g Pastinake
2 Zwiebeln
2 alte Semmeln
Öl zum Braten
125 ml Milch
2 Eier

Für die Chips:
1 Pastinake
Butterschmalz zum Backen

Eingelegte Vogelbeeren (siehe Kohlsprossenpralinen S. 180)

Zubereitung

Für das Perstersilöl Petersilie hacken. Mit einer Prise Salz und Öl in den Thermomix geben. Bei 80 °C ca. 5 Minuten mixen und durch ein Sieb passieren. Mit Alufolie bedecken, damit es grün bleibt, und kalt stellen.

Für das Püree Pastinaken schälen und klein würfeln.
In einem Topf Butter erhitzen, Pastinaken darin leicht anrösten. Obers und Fond zugießen, mit Salz, Pfeffer und Muskatnuss würzen. Pastinaken weich kochen, dann mit einem Pürierstab mixen. Vor dem Servieren Petersilöl unterziehen.

Für das Faschierte Reh zuputzen und in Stücke schneiden. Pastinake und Zwiebeln schälen und würfeln. Speck und Semmeln ebenfalls in kleine Würfel schneiden.
In einer Pfanne Öl erhitzen, Zwiebeln, Pastinake und Speck darin anschwitzen. Vom Herd nehmen und auskühlen lassen.
Semmelwürfel in lauwarmer Milch einweichen. Mit dem Reh und der Pastinakenmischung faschieren. Salzen, pfeffern, Eier einmischen und 15 Minuten ziehen lassen.
Die Hände einölen und aus dem Faschierten kleine Laibchen formen.
In einer Pfanne mit Öl bei mittlerer Hitze herausbraten.

Für die Chips Pastinake schälen und in dünne Scheiben schneiden. In Salzwasser kurz blanchieren, abseihen und mit Küchenpapier trocknen.
In einer Pfanne Butterschmalz erhitzen, die Chips darin bei 140 °C knusprig backen. Herausheben, auf Küchenpapier abtropfen lassen und salzen.

Rehfaschiertes mit Pastinakenpüree und Chips anrichten, mit Vogelbeeren garnieren.

Pastinaken-Milchreis

mit Mandarinensorbet

Zutaten

Für das Sorbet:
1 kg unbehandelte Bio-Mandarinen
170 g Würfelzucker
100 ml Wasser
Saft von 1 Zitrone
30 ml Grenadinesirup
30 ml Grand Manier
10 ml Amaretto
50 g Glukose

Für den Milchreis:
1 Pastinake
1 l Milch
Mark von 1 Vanilleschote
1 EL Zucker
200 g Rundkornreis
100 ml Obers, geschlagen

Für die Garnitur:
2 Mandarinen
1 EL Butter
4 cl Rum (80 %)
1 Msp. Vanillemark

Zubereitung

Für das Sorbet Mandarinen gut waschen und trocknen. Mit den Zuckerwürfeln die Schale so lange abreiben, bis sie sich vollgesaugt haben.
Aus den abgeriebenen Mandarinen ca. 700 ml Saft auspressen.
Saft mit Würfelzucker und den restlichen Zutaten einmal aufkochen.
Vom Herd nehmen und auskühlen lassen.
Masse in der Eismaschine cremig rühren und bis zum Servieren in den Tiefkühler stellen.

Für den Milchreis Pastinake waschen und würfeln.
In einem Topf Zucker karamellisieren, Pastinake zugeben und mit Milch aufgießen. Vanillemark einrühren und die Pastinake weichkochen. Durch ein Sieb passieren und die Pastinakenmilch auffangen.
Reis in der Pastinakenmilch aufkochen und 18 Minuten unter ständigem Rühren kochen. Vom Herd nehmen, überkühlen lassen und geschlagenes Obers unterheben.

Für die Garnitur Mandarinen schälen und in Spalten teilen. Kurz in kochendem Wasser blanchieren und die Haut abziehen.
In einer Pfanne Butter erhitzen, Mandarinen durchschwenken. Rum und Vanillemark einrühren und auskühlen lassen.

Pastinaken-Milchreis mit Mandarinensorbet anrichten und mit Mandarinenspalten garnieren.

[SCORZONERA HISPANICA]

SCHWARZWURZEL

Außen pfui, innen hui – könnte man in Abwandlung eines alten Sprichwortes sagen. Unter der unansehnlichen dunklen Schale versteckt sich nicht nur ein blendend weißer Kern, auch die inneren Werte machen das Gemüse sehr begehrenswert. Nicht zu Unrecht wird die Schwarzwurzel gerne als »Winterspargel« bezeichnet, obwohl sie den echten Spargel geschmacklich mit ihrer Würzigkeit locker überholt.

Die Schwarzwurzel im Porträt

Das kann die Schwarzwurzel

Sie zählt zu den Gemüsearten mit den meisten Nährstoffen und rangiert gleich hinter der Erbse und der Bohne. Besonders hoch ist der Gehalt an Kalzium und Phosphor, Kalium fördert die natürliche Entwässerung des Körpers. Dazu kommt das für Diabetiker besonders wertvolle Inulin. Der lösliche Ballaststoff wirkt positiv auf den Fettstoffwechsel und die Darmflora. Mit einem Fettanteil von gerade einmal 0,4 g und nur 54 kcal jeweils auf 100 g kann man Schwarzwurzeln bedenkenlos genießen, auch wenn man auf sein Gewicht achten soll.

Gut zu wissen

- Nur unversehrte Stangen nehmen, gebrochene trocknen schnell aus.
- In ein feuchtes Tuch gewickelt, bleiben sie im Kühlschrank bis zu 2 Wochen frisch. Beim Einfrieren verlieren sie zu viel an Geschmack.
- Schwarzwurzeln unter fließendem Wasser gründlich abschrubben, dann mit einem Sparschäler schälen. Dabei sondern sie einen weißen Milchsaft ab, der Kautschuk enthält und klebrige, braune Flecken hinterlässt. Daher unbedingt Handschuhe tragen, da sie auch von der Haut schwer zu entfernen sind.
- Rohe, geschälte Stangen sofort in eine Schüssel mit Wasser und 1 EL eingerührtem Mehl legen, damit sie sich nicht verfärben. Es geht auch Zitronen- oder Essigwasser, das verändert aber ein wenig das nussige, würzige Aroma.
- Man kann sie auch mitsamt der Schale in Essig-Kümmel-Wasser etwa 20 Minuten kochen. Nach dem Abschrecken lassen sie sich leicht schälen.
- Schmecken gut mit Schinken, einer Hollandaise- oder Béchamelsauce, in Bierteig gebacken oder als Fülle von Palatschinken. Auch in Mehrkomponenten-Salaten machen sie sich gut, allerdings nur gekocht, da sie roh ungenießbar sind.

Geschichte & Geschichten

Ihre ursprüngliche Heimat ist die Iberische Halbinsel, wo sie bis ins 16. Jahrhundert als Heilpflanze eingesetzt wurde. Das Spektrum war breit: Vom Schlangenbiss bis zur Pest, von Herzerkrankungen bis zum Magenleiden wurde auf ihre heilsame Wirkung gesetzt. Auch Ludwig XIV. schwor auf Schwarzwurzeln, mit denen er sich nach opulenten Gelagen den Magen wieder einrenkte. Er ließ sie in Frankreich in großen Mengen anbauen, aber erst im 18. Jahrhundert gelang ihr der Sprung in die Küche. So erfolgreich, dass sie der bis dahin sehr beliebten Haferwurzel in Mitteleuropa den Rang ablief. Vor allem, weil sie viel ertragreicher war und in schlechten Zeiten geröstet und gemahlen sogar als Ersatzkaffee herhalten musste.

Im eigenen Garten

Aussaat: Ende März bis Anfang April; ausdünnen sobald sich die ersten Herzblätter zeigen; Reihenabstand 30 cm, Pflanzabstand 10 cm.
Standort: Klimatisch anspruchslos; tiefgründige, nährstoffreiche, lockere Böden. Können bis zu 35 cm lange, kräftige Wurzeln bilden, wachsen daher gut auf Erddämmen.
Nicht geeignet in Fruchtfolge von Mais und Kohlarten; alle anderen Gemüse sind gute Vorfrüchte.
Ernte: Ende Oktober bis April; da sie leicht brechen, am besten neben der Reihe einen Graben ausheben und die Wurzeln von der Seite herauslösen.
Können in Sand eingeschlagen im Keller gelagert werden.

WAS WANN ZU TUN IST	Jän	Feb	Mär	Apr	Mai	Jun	Jul	Aug	Sep	Okt	Nov	Dez
Aussaat			●	●								
Ernte	●	●	●	●						●	●	●

Schwarzwurzel-Timbale

mit Blattspinatsalat

Vorspeise für 4 Personen

Zutaten

Für die Timbale:
1 kg Schwarzwurzeln
1 Schalotte
1 EL Butter
250 ml Obers
1 Dotter
30 g Almkäse

Für die Sauce:
1 Zwiebel
1 Knoblauchzehe
1 EL Butter
Salz, Pfeffer, Muskatnuss
100 ml Noilly Prat
200 ml Obers
100 ml Gemüsefond
100 g Cremespinat
Saft von 1 Zitrone

Für den Salat:
100 g Babyspinatblätter
1 EL Olivenöl
1 TL Balsamicocreme
1 TL Zitronensaft

50 g Almkäse, gerieben

Zubereitung

Für die Timbale 4 kleine feuerfeste Förmchen mit heißem Wasser ausspülen und trocknen.
Schwarzwurzeln waschen, schälen und wässern (siehe S. 88). Am besten mit einer Aufschnittmaschine in dünne Scheiben schneiden.
Backrohr auf 170 °C Ober-/Unterhitze vorheizen.
Schalotte schälen und klein würfeln. In einem Topf Butter erhitzen, Schalotte darin anschwitzen. Salzen, pfeffern und Obers einmischen. Schwarzwurzeln zugeben und kurz kochen, sodass man sie leicht biegen kann. Herausnehmen und die Förmchen vollständig damit auskleiden. Dotter und Almkäse in die Oberssauce rühren und die Förmchen 2/3 hoch damit befüllen. Im Rohr 30 Minuten backen.

Für die Sauce Zwiebel und Knoblauch schälen, Zwiebel würfeln, Knoblauch reiben.
In einem Topf Butter erhitzen, Zwiebel und Knoblauch darin anschwitzen. Mit Salz, Pfeffer und Muskatnuss würzen, mit Noilly Prat ablöschen. Obers und Gemüsefond zugießen und einmal aufkochen. Cremespinat einmischen und mit einem Pürierstab durchmixen. Zitronensaft zugeben, abschmecken und durch ein Sieb passieren.

Für den Salat Babyspinatblätter waschen und trocknen. Olivenöl, Balsamicocreme und Zitronensaft verrühren, salzen und pfeffern. Den Spinat kurz vor dem Servieren marinieren, da er sonst zusammenfällt.

Timbale auf Teller stürzen und mit der Sauce umgießen. Spinatsalat dazu anrichten und mit Almkäse bestreuen.

Schwarzwurzeln in Bierteig

mit Paprikasauce

Zutaten

8 Schwarzwurzeln
Salz

Für den Teig:
100 g glattes Mehl
125 ml Bier
Saft von 1 Zitrone
2 Eier
Butterschmalz zum Frittieren

Für die Sauce:
1 roter Paprika
1 Knoblauchzehe
1 Schuss Weißwein
200 ml Gemüsefond
2 Dotter
1 TL scharfer Senf
1 TL Paprikapulver, edelsüß
1 Msp. Paprikapulver, geräuchert
1 TL Paradeismark
30 ml Paprikaessig
Saft von 1 Zitrone
2 EL geröstete Mandelblättchen
500 ml Maiskeimöl

Zesten von 1 Limette

Zubereitung

Schwarzwurzeln waschen, schälen und wässern (siehe S. 88). Kurz in Salzwasser blanchieren und trocken tupfen.

Für den Teig alle Zutaten verrühren und salzen.
In einer Pfanne Butterschmalz auf 170 °C erhitzen.
Schwarzwurzeln durch den Teig ziehen und im heißen Butterschmalz frittieren. Herausheben und auf Küchenpapier abtropfen lassen.

Für die Sauce die Paprikaschale mit einem Sparschäler abziehen. Vom Kerngehäuse befreien und klein würfeln. Knoblauch schälen und in Weißwein blanchieren.
Alle Zutaten bis auf das Öl vermischen und mixen. Nach und nach Öl einmixen und hochziehen, bis eine sämige Sauce entsteht.

Gebackene Schwarzwurzeln mit Paprikasauce anrichten und mit Limettenzesten bestreuen.

Schwarzwurzel-Curry

mit Champignons und Brokkoli

Hauptspeise für 4 Personen

Zutaten

1 kg Schwarzwurzeln
8 Champignons
8 Brokkoliröschen
16 Zuckererbsenschoten
1 Junglauch
1 Schalotte
1 Knoblauchzehe
1 TL Ingwer
1 Chilischote
Sesamöl zum Anbraten
1 EL Sesam
1 EL Currypulver
1 TL Kurkuma
100 ml Sake
250 ml Kokosmilch
1 EL Sojasauce
100 ml Mangopüree
500 ml Gemüsefond
2 Stangen Zitronengras
2 Kaffirlimettenblätter
1 EL Honig
Saft von 1 Limette
50 g Sojasprossen

Zubereitung

Schwarzwurzeln waschen, schälen, wässern (siehe S. 88) und in daumengröße Stücke schneiden. Champignons putzen, Brokkoliröschen und Zuckererbsenschoten kurz in Salzwasser blanchieren. Junglauch putzen und fein schneiden.
Schalotte, Knoblauch und Ingwer schälen, Schalotte fein würfeln, Knoblauch und Ingwer reiben. Chilischote klein schneiden.
In einem Topf 1 EL Sesamöl erhitzen, Schalotte und Knoblauch darin anschwitzen. Ingwer, Sesam, Currypulver und Kurkuma einrühren, dabei aufpassen, dass nichts anbrennt, da es sonst bitter schmeckt. Mit Sake ablöschen, Kokosmilch, Sojasauce, Mangopüree und Gemüsefond zugießen. Zitronengras leicht andrücken, mit Chilischote und Kaffirlimettenblättern zugeben, Honig und Limettensaft einmischen. 10 Minuten köcheln, dann abschmecken.
In einer Pfanne Sesamöl erhitzen, Schwarzwurzeln darin anrösten. In die Currysauce geben und 10 Minuten köcheln.
Das restliche Gemüse in Sesamöl knackig anbraten und ebenfalls ins Curry mischen. Zum Schluss Sojasprossen zugeben, Zitronengras und Kaffirlimettenblätter entfernen und anrichten.

Schwarzwurzel-Gratin

mit Himbeeren

Zutaten

1 kg Schwarzwurzeln
Zucker zum Blanchieren
Butterschmalz zum Frittieren
5 Eiklar
100 g Zucker
4 Dotter
1 Ei
100 g Staubzucker
4 Blatt Gelatine
4 cl Grand Marnier
90 g Topfen
100 g Himbeeren

Zubereitung

Schwarzwurzeln waschen, schälen, wässern (siehe S. 88) und in ca. 4 cm lange Stücke schneiden. Kurz in Zuckerwasser blanchieren.
1 Schwarzwurzel der Länge nach mit dem Sparschäler in dünne Streifen hobeln. Kurz blanchieren und gut trocknen. In einem Topf Butterschmalz erhitzen, Schwarzwurzelstreifen darin zu knusprigen Chips frittieren. Herausheben und auf Küchenpapier abtropfen lassen.

Eiklar mit Zucker zu Schnee aufschlagen.
Dotter mit Ei und Staubzucker schaumig rühren. Gelatine in Wasser einweichen und ausdrücken. Mit Grand Manier erwärmen und mit Topfen verrühren. Unter die Dottermasse mischen und Eischnee locker unterheben.
Backrohr auf 220 °C Grillfunktion vorheizen.
Schwarzwurzeln mit Himbeeren in eine feuerfeste Form schlichten. Mit der Gratinmasse übergießen und im Rohr hellbraun gratinieren. Mit Staubzucker bestreuen und mit Chips garnieren.

[BETA VULGARIS]

ROTE RÜBE

Äußerlich recht unscheinbar, aber innen drin von strahlender Schönheit. Die purpurrote Rübe sorgt für knallige Farbe im blassen Einerlei und schmeckt dazu noch äußerst delikat. Nachdem sie einige Zeit ein Schattendasein bestenfalls als eingelegter Salat im Glas fristete, erlebt sie seit ein paar Jahren ein fulminantes Comeback. Nicht nur in Traditionsgerichten wie Borschtsch, sondern als eigenständiges Gemüse mit hohem kulinarischen Erlebnisfaktor.

Die Rote Rübe im Porträt

Das kann die Rote Rübe

Die alten Römer hatten recht: In der Roten Rübe steckt neben blutbildendem Eisen eine größere Menge Folsäure, die vorbeugend gegen Blutarmut wirken soll. Außerdem ist die Knolle reich an Vitamin B und C, Kalium, Kalzium, Magnesium und Jod. Ihr hoher Gehalt an Betanin stärkt die Abwehrkräfte, schützt Gefäße und Herz und bekämpft die freien Radikalen. Außerdem hat man bei Versuchen mit Hochleistungssportlern festgestellt, dass Roter-Rüben-Saft die Leistung steigern kann. Schuld daran ist Nitrat, das die Blutgefäße erweitert und bei Belastung den Sauerstoffbedarf in den Muskeln senkt.

Gut zu wissen

- Auch die Blätter der Roten Rübe kann man essen. Für Salate nimmt man am besten die jungen, frischen Blätter.
- Je kleiner die Rüben, desto zarter sind sie. Große Exemplare können holzig sein. Auf jeden Fall darf die Schale nicht verletzt sein und sie müssen sich fest und prall anfühlen.
- Erst nach dem Kochen schälen, damit die Inhaltsstoffe enthalten bleiben. Je nach Größe gart man sie zwischen einer halben und einer Stunde, um sie danach weiterzuverarbeiten.
- Sie können fein geschnitten oder geraspelt auch roh gegessen werden. Beim Schälen Handschuhe verwenden und kein Holzbrett, da der rote Saft hartnäckig färbt. Vorteil: Man kann Ostereier damit auf natürliche Weise einfärben.
- Schmecken als Ofengemüse, Suppe (ein Klassiker: Borschtsch) und Püree, sind der Farbtupfer im Hamburger Labskaus, im roten Heringssalat oder im Risotto.
- Als Beilage kann man Rote Rüben ganz einfach im Rohr garen. Dafür Rüben waschen und einzeln mit Thymian, Petersilstängel und Meersalz in Alufolie wickeln. Bei 140 °C ca. 2 Stunden garen, auswickeln und schälen. Das Aroma ist umwerfend.
- Passen gut zu Erdäpfeln, Schafkäse und Fisch und harmonieren mit Äpfeln, Dille, Kümmel, Thymian und Kren.

Geschichte & Geschichten

Bereits im antiken Griechenland reichte man dem Gott Apollo Rote Rüben auf einem Silbertablett. Etwas später notierte der Römer Apicius in einem seiner Kochbücher ein Rezept für in Essig eingelegte Rote Rüben. Damals galt die Rote Rübe auch als Heilpflanze und wurde gegen Blutarmut eingesetzt. Mit den Römern verbreitete sie sich in ganz Europa, wo sie im Norden und Osten bis heute eine große kulinarische Rolle spielt. Hier wurde einst auch das Rübengeistern gepflegt, bei dem Kinder in der Nacht vor Allerheiligen mit ausgehöhlten und beleuchteten Roten Rüben durch die Nachbarschaft zogen. Heute kennt man diesen Brauch zu Halloween mit Kürbissen. Die noch als Rote Bete, Rohne oder Rande bekannte Rübe war ursprünglich länglich und wurde erst durch Züchtungen kugelrund.

Im eigenen Garten

Aussaat: Mitte April bis Juni in 2 cm tiefe Rillen; Reihenabstand 25 cm, Abstand in der Reihe 8 cm; Samen mit Erde bedecken, festdrücken und gießen.
Standort: Vollsonnig mit tiefgründigen Böden; einmalige Düngung vor der Aussaat. Gute Nachbarn sind Salate, Bohnen, Kohlrabi, Knoblauch und Zwiebeln.
Ernte: Ab Oktober bis vor den ersten Frösten. Für den Frischverzehr junge Knollen nach 7 bis 9 Wochen ernten. Sie halten in Zeitungspapier gewickelt bis zu 3 Wochen im Kühlschrank.
Zur Lagerung Rüben auswachsen lassen, die Blätter vorsichtig entfernen, in eine Holzkiste schlichten und mit feuchtem Sand bedecken. Bei 3 bis 5 °C und hoher Luftfeuchtigkeit halten sie bis ins Frühjahr.

WAS WANN ZU TUN IST	Jän	Feb	Mär	Apr	Mai	Jun	Jul	Aug	Sep	Okt	Nov	Dez
Aussaat				●	●	●						
Ernte										●	●	

Rote-Rüben-Rindertatar

mit Waffel und Kaviar

Zutaten

Für das Tartar:
400 g Rinderfilet
2 Schalotten
2 EL Rote Rüben, gekocht
2 Essiggurken
1 TL Kapern
1 TL Sardellen
1 TL Rote-Rüben-Pulver
etwas Olivenöl
1 TL Senfkörner, gekocht
1 EL grobkörniger Senf
1 TL Cognac
1 Schuss Tabasco
1 Msp. Cayennepfeffer

Für die Waffel:
50 g Butter, flüssig
180 ml Milch
2 Eier
150 glattes Mehl
3 g Backpulver
2 EL Parmesan, gerieben
Salz, Pfeffer, Muskatnuss
1 Prise Zucker

Für die Garnitur:
100 ml Creme fraîche
1 EL Wodka
1 TL Zitronensaft
40 g heimischer Kaviar
1 Bund Schnittlauch, fein geschnitten

Zubereitung

Für das Tatar Rinderfilet zuputzen und fein würfeln. Schalotten schälen und fein schneiden. Rote Rüben und Essiggurkerl fein würfeln, Kapern und Sardellen hacken. Rote-Rüben-Pulver mit Olivenöl anrühren. Alle Zutaten vermischen und abschmecken.

Für die Waffel alle Zutaten glatt verrühren. In einem Waffeleisen goldgelb backen. In kleine Rechtecke schneiden und üppig mit Tatar belegen.

Crème fraîche mit Wodka und Zitronensaft verrühren. Mit Salz abschmecken und das Tatar damit belegen. Mit Kaviar und Schnittlauch garnieren.

Daumnidei

mit Kohlsprossen und Haselnüssen

Zutaten

Für die Daumnidei:
500 g Erdäpfel
1 Ei
125 g Topfen
Salz, Pfeffer, Muskatnuss
200 g griffiges Mehl
Mehl für die Arbeitsfläche
100 g Butter
1 EL Rote-Rüben-Pulver
500 ml Rote-Rüben-Saft
125 ml Portwein

10 Kohlsprossen
1 EL Butter

Für die Garnitur:
2 EL halbierte Haselnüsse
1 EL Haselnußöl

Zubereitung

Für die Daumnidei Erdäpfel schälen und kochen.
Durch die Erdäpfelpresse in eine Schüssel drücken. Mit Ei und Topfen vermischen, mit Salz, Pfeffer und Muskatnuss würzen. Mehl zugeben und zu einem glatten Teig verarbeiten.
Eine Fläche mit Mehl bestauben und aus dem Teig eine Rolle formen. Daumendicke Stücke abstechen, in einem Topf mit Salzwasser einmal aufkochen und 5 Minuten ziehen lassen.
In einer Pfanne Butter mit Rote-Rüben-Pulver glattrühren. Rübensaft und Portwein zugießen und erhitzen. Daumnidei durchschwenken, bis sie schön glänzen und abschmecken.

Kohlsprossen putzen und in Salzwasser blanchieren. In Butter glasieren, mit Salz, Pfeffer und Muskatnuss würzen.

In einer Pfanne Haselnussöl erhitzen, Haselnüsse darin rösten. Daumnidei mit Kohlsprossen anrichten und mit Haselnüssen bestreuen.

Rote-Rüben-Grütze

mit Baiser

Zutaten

Für das Baiser:
100 g Eiklar
100 g Zucker
100 g Staubzucker

Für die Grütze:
200 g gekochte Rote Rüben
100 g Zucker
100 ml Portwein
100 ml Rotwein
100 g Himbeermark
Mark von 1/4 Vanilleschote
1 TL Maizena
200 g gemischte Beeren

4 EL Semmelbrösel
1 EL Butter, flüssig
Staubzucker nach Belieben

Zubereitung

Für das Baiser alle Zutaten cremig aufschlagen. In einen Spritzsack füllen und in beliebigen Formen auf ein mit Backpapier ausgelegtes Blech spritzen. Im Backrohr bei 90 °C ca. 2 Stunden trocknen. Vor dem Anrichten mit einem Bunsenbrenner abflämmen.

Für die Grütze Rote Rüben schälen und würfeln. In einem Topf Zucker karamellisieren, mit Portwein und Rotwein ablöschen. Himbeermark und Vanillemark einrühren. Maizena mit etwas kaltem Wasser anrühren, einmischen und 3 Minuten köcheln. Dann Rote-Rüben-Würfel und Beeren zugeben. Vom Herd nehmen und erkalten lassen.

Brösel in einer Pfanne trocken rösten. Flüssige Butter unterrühren und mit Staubzucker süßen.

Grütze auf Tellern verteilen, mit Baiser und Bröseln garnieren.

Rote-Rüben-Aufstrich

mit Roggen-Sauerteigbrot

Zutaten

Für das Brot:
180 g Sauerteig
21 g frische Germ
350 ml Wasser
270 g Roggenmehl
150 g Weizenmehl
13 g Salz
5 g Brotgewürz
1 TL Schabzigerklee, gemahlen
1 TL Bockshornklee, gemahlen
Mehl zum Arbeiten

Für den Aufstrich:
2 geräucherte Reinankenfilets
1 Apfel
1 Schalotte
2 EL Rote Rüben, gekocht
1 EL Sauerrahm
1 EL Creme fraîche
1 EL Apfelessig
1 EL Olivenöl
1 EL Rote-Rüben-Saft
Saft von 1 Zitrone

Für die Garnitur:
8 Scheiben Rote Rüben, gekocht
2 EL Kren, fein gerieben
1 Schale Gartenkresse

Zubereitung

Für das Brot Sauerteig mit Germ und Wasser anrühren.
Die restlichen Zutaten in einem Rührkessel vermischen. Sauerteigmasse zugeben und mit dem Knethaken einer Küchenmaschine zu einem glatten Teig verkneten. Zudecken und an einem warmen Ort 30 Minuten gehen lassen.
Teiglinge in gewünschter Größe abstechen und mit bemehlten Händen rund schleifen. Auf ein mit Backpapier ausgelegtes Blech legen und mit Mehl bestauben. Bedecken und nochmals 50 Minuten gehen lassen.
Backrohr auf 210 °C Ober-/Unterhitze vorheizen.
Brote im Rohr 10 Minuten backen. Temperatur auf 200 °C reduzieren und die Brote 40 Minuten fertig backen. Herausnehmen und abkühlen lassen.

Für den Aufstrich Reinankenfilets zerzupfen. Apfel und Schalotte schälen und würfeln. Rote Rübe ebenfalls in kleine Würfel schneiden. Alle Zutaten vermischen und abschmecken.

Brot in Scheiben schneiden, bestreichen, mit Roten Rüben, Kren und Kresse garnieren.

[BRASSICA RAPA VAR. PEKINENSIS]

CHINAKOHL

Knackig und sehr bekömmlich ist er der Erfrischendste aus der Kohlfamilie, und er ist ein echter Exot. Seit Jahrhunderten gehört Chinakohl im asiatischen Raum zum Standard-Gemüseprogramm, in unseren Breiten ist man erst zu Beginn des 20. Jahrhunderts auf den Geschmack gekommen. Nicht nur wegen seiner kulinarischen Vorzüge, auch weil er positiv auf die Gesundheit wirkt.

Der Chinakohl im Porträt

Das kann Chinakohl

Die zarten, strunkfreien Blätter schmecken sehr dezent und erfrischend. Die reichlich enthaltenen Senföle helfen gegen Infektionskrankheiten und aktivieren die Abwehrkräfte im Körper. Dazu schützen Vitamin E, Flavonoide, Chlorophyll, Indole und Phenole die Zellen und sollen den Alterungsprozess verzögern. Außerdem ist Chinakohl leichter verdaulich als andere Kohlsorten und wird selbst von empfindlicheren Menschen gut vertragen. Mit 12 kcal pro 100 g zählt er zu den kalorienärmsten Gemüsesorten und hat mit einem Emissionswert von 40 g pro 100 g eine sehr gute CO2-Bilanz.

Gut zu wissen

- Knackige, fleckenlose Blätter in saftigem Grün sind ein Zeichen von Frische, genauso wie die Festigkeit des Kopfes und eine helle Schnittstelle am Strunk. Im Gemüsefach hält er ein paar Tage, soll er etwas länger halten, am besten in ein feuchtes Tuch einschlagen.
- An die 2 kg bringt ein Exemplar auf die Waage, es reicht also locker für zwei bis drei verschiedene Mahlzeiten. Den Anschnitt mit Folie bedecken und wieder in den Kühlschrank legen. Kurz blanchierten Chinakohl kann man auch einfrieren.
- Die zarten, weißen Rippen der Blätter werden mitgegessen und müssen nicht entfernt werden. Chinakohl wird also nur kurz gewaschen und im Sieb abgetropft.
- Schmeckt roh als Salat, vor allem bleiben die Blätter auch nach dem Marinieren ein paar Stunden knackig frisch. Ist ideal in der Vorbereitung für Picknicke, Partys und Abendessen mit Freunden.
- Sollte nur maximal 5 bis 7 Minuten gegart werden, da sonst Inhaltsstoffe und Frische verloren gehen.
- Schmeckt gedünstet oder gebraten als Beilage zu Fisch, Huhn und kurzgebratenem Fleisch, in Suppen, Aufläufen und Eintöpfen, in allen Arten von Wokgerichten und eignet sich sowohl als Fülle als auch als Hülle.
- Passt gut zu Erdäpfeln, Speck, Ingwer, Karotten, Äpfeln, Zitrone und Chili.

Geschichte & Geschichten

In diesem Fall ist der Name Programm: Chinakohl stammt tatsächlich aus China, von wo er sich ab dem 5. Jahrhundert im gesamten asiatischen Raum verbreitete. Vermutlich hat man zwei Kohlarten gekreuzt, manche sagen, er sei aus einer Speiserübe und Pak Choi entstanden.
In China nennt man ihn »Weißer Kohl« oder »Zahn des weißen Drachen« und setzt ihn vielseitig ein. Die Koreaner verarbeiten ihn zu ihrem berühmten Kimchi, für das kleingeschnittener Chinakohl eingesalzen und durch Milchsäurevergärung haltbar gemacht wird.
Er gehört in chinesische Wokgerichte und Frühlingsrollen genauso wie in thailändische oder vietnamesische Nudelsuppen und ist fixer Bestandteil des Okonomiyaki (eine Art Omelett), wie man es traditionell im japanischen Hiroshima zubereitet. In Europa ist die Kohlart erst seit etwa 100 Jahren bekannt und seither sehr beliebt.

Im eigenen Garten

Aussaat: Juni, Juli in einem Pflanzabstand von 40 x 50 cm, da die Köpfe sehr groß werden und Platz brauchen.
Standort: Windgeschützt, mildes Klima, mit Nährstoffen gut versorgte Böden, mit einer Gabe verrotteten Komposts vor der Aussaat. Die Flachwurzler müssen häufig gegossen werden.
Ist anfällig für Schädlinge und Kohlkrankheiten, sollte bis kurz vor der Ernte mit Netzen abgedeckt werden.
Gut als Nachkultur aller Gemüse außer Kohlgewächsen.
Gute Nachbarn sind Sellerie, Bohnen, Erbsen, Endivien und Spinat.
Ernte: 10 bis 12 Wochen nach Aussaat bis zum ersten Frost, verträgt nur kurz bis zu -5 °C.

WAS WANN ZU TUN IST	Jän	Feb	Mär	Apr	Mai	Jun	Jul	Aug	Sep	Okt	Nov	Dez
Aussaat						●	●					
Ernte								●	●	●	●	

Paprikahendl

mit Chinakohlsalat

Zutaten

Für das Paprikahendl:
1 Zwiebel
1 Knoblauchzehe
2 Hendlhaxerl
Salz, Pfeffer
Öl zum Anbraten
1 EL Butter
1 EL Paradeismark
1 EL Paprikapulver, edelsüß
1 EL glattes Mehl
250 ml Weißwein
1 l Hühnerfond
200 ml Obers

Für das Pesto:
4 EL Kürbiskerne
2 EL Kernöl

Für den Salat:
1 kleiner Chinakohl
2 EL Sauerrahm
1 EL Creme fraîche
1 EL weißer Balsamico
1 EL Traubenkernöl
1 TL Zucker

Für den Dip:
4 EL Sauerrahm
Cayennepfeffer
1 Spritzer Zitronensaft

Zubereitung

Für das Paprikahendl Zwiebel und Knoblauch schälen. Zwiebel fein würfeln, Knoblauch in Scheiben schneiden.
Hendlhaxerl in Unter- und Oberschenkel trennen, mit Salz und Pfeffer würzen. In einem Topf Öl erhitzen, Hendlhaxen darin goldgelb anbraten und herausnehmen.
Hitze reduzieren, Butter in den Topf geben. Zwiebel und Knoblauch darin glasig anschwitzen. Paradeismark und Paprikapulver einrühren, mit Mehl stauben und mit Weißwein ablöschen. Hühnerfond und Obers zugießen, mit Salz und Pfeffer würzen. 5 Minuten köcheln, dann Haxerl einlegen. Im Backrohr bei 160 °C Ober-/Unterhitze ca. 1 Stunde schmoren.
Haxerl aus der Sauce nehmen und warm halten. Sauce mit einem Pürierstab mixen, durch ein feines Sieb passieren und abschmecken.

Für das Pesto Kürbiskerne in einer Pfanne rösten. Vom Herd nehmen und abkühlen lassen. In einer Küchenmaschine mixen und mit Kernöl aufgießen. 1 Stunde ziehen lassen.

Chinakohl putzen, waschen und vierteln. Die restlichen Zutaten verrühren und den Chinakohl damit marinieren. 30 Minuten ziehen lassen.

Für den Dip Sauerrahm glatt rühren und würzen.

Hendlhaxerl mit Sauce und Chinakohlsalat anrichten, mit Pesto und Dip garnieren.

Frühlingsrollen

mit Schalottencreme

Zutaten

Für die Creme:
12 Schalotten
500 g Butter
Salz

Für die Farce:
100 g Schweinsfilet
100 g Obers
50 g Eiklar
Pfeffer
1 Msp. Kreuzkümmel
1 Msp. Cayennepfeffer

Für die Füllung:
300 g Chinakohl
200 g Schweinsfilet
4 Champignons
1 Junglauch
Sesamöl zum Anbraten
8 Zuckererbsenschoten
100 g Sojasprossen
1 TL Ingwer
1 Msp. Chilipulver
2 EL Sojasauce

1 Pkg. Frühlingsrollenteig
Eiklar zum Bestreichen
Butterschmalz zum Frittieren

Zubereitung

Für die Creme Schalotten schälen und vierteln. Butter in einem Topf erhitzen, Schalotten einlegen und den Topf mit Alufolie bedecken.
Im Backrohr bei 160 °C Ober-/Unterhitze ca. 2 Stunden weichschmoren.
In einer Küchenmaschine fein pürieren und mit Salz abschmecken.

Für die Farce Fleisch in kleine Würfel schneiden. Mit Obers und Eiklar vermischen und mit einer Moulinette zu einer homogenen Masse zerkleinern. Mit Salz, Pfeffer, Kreuzkümmel und Cayennepfeffer abschmecken.

Für die Füllung Chinakohl waschen und in Streifen schneiden. Fleisch kleinwürfelig schneiden. Champignons putzen und blättrig schneiden. Junglauch waschen und fein schneiden.
In einer Pfanne Sesamöl erhitzen, Fleisch kurz scharf anbraten und herausnehmen.
Chinakohl mit Zuckererbsenschoten, Champignons, Junglauch und Sojasprossen in der Pfanne kurz scharf anbraten. Mit Ingwer und Chilipulver würzen, mit Sojasauce ablöschen. Vom Herd nehmen, abkühlen lassen, dann mit der Farce vermischen.

Teigblätter so auflegen, dass eine Ecke zum Körper zeigt und mit Eiklar bestreichen. Das untere Drittel mit Füllung belegen. Die körpernahe Ecke darüber nach hinten klappen und die beiden seitlichen Ecken zur Mitte hin überlappend einschlagen. Dann nach hinten einrollen und die Enden andrücken.
In einem Topf oder einer Pfanne mit hohem Rand Butterschmalz auf 170 °C erhitzen. Die Frühlingsrollen darin schwimmend goldgelb frittieren, herausheben und auf Küchenpapier abtropfen lassen. Die Schalottencreme extra dazu anrichten.

Chinakohl-Feuertopf

mit Wuzelnudeln

Zutaten

Für die Suppe:
200 g Chinakohl
1 Schalotte
1 Knoblauchzehe
5 g Ingwer
1 kl. Chilischote
1 EL Sesamöl
2 l Eiswasser
200 ml Eiklar
Salz, Pfeffer
50 ml Sojasauce

Für die Nudeln:
10 g Erdäpfel
30 g glattes Mehl
15 ml kaltes Wasser
Mehl für die Arbeitsfläche

Für die Einlage:
2 Eier
1/4 Chinakohl
2 Kräuterseitlinge
5 g Ingwer
8 Brokkoliröschen
2 Zweige Koriander
Sesamöl zum Anbraten
4 Thai-Chilischoten
1 TL schwarzer Sesam
20 hauchdünne Scheiben Beiried
(am besten vom Wagyu Beef)

Zubereitung

Für die Suppe Chinakohl putzen und in Streifen schneiden. Schalotte, Knoblauch und Ingwer schälen und klein würfeln, Chilischote waschen und fein schneiden.
In einem Topf Sesamöl erhitzen, Chinakohl mit Schalotte, Knoblauch, Ingwer und Chili scharf anbraten. Mit Eiswasser aufgießen und Eiklar einrühren. Bei mittlerer Hitze langsam aufkochen, so wird die Suppe geklärt. Dann bei kleiner Hitze 2 Stunden ziehen lassen. Suppe durch ein feines Sieb oder Passiertuch passieren, mit Salz, Pfeffer und Sojasauce abschmecken.

Für die Nudeln Erdäpfel schälen und weich kochen. Kurz ausdampfen lassen und durch eine Presse drücken. Salzen und mit den restlichen Zutaten zu einem glatten Teig kneten.
Eine Arbeitsfläche mit Mehl bestauben und den Teig dünn ausrollen.
In Streifen schneiden und diese mit den Händen zu Nudeln wuzeln. In einem großen Topf Salzwasser aufkochen, die Nudeln darin 8 Minuten kochen und abseihen.

Eier in kochendem Wasser ca. 6 Minuten wachsweich kochen. Abschrecken, schälen und halbieren.
Chinakohl waschen und in Streifen schneiden. Kräuterseitlinge putzen und vierteln. Ingwer schälen und in Streifen schneiden.
Brokkoli in Salzwasser bissfest blanchieren. Mit Eiswasser abschrecken und trocken tupfen. Koriander abzupfen und hacken.
Sesamöl in einer Pfanne erhitzen, Chinakohl, Brokkoli, Ingwer, Pilze und Chilischoten darin kurz anbraten. Zum Schluss Koriander und Sesam einmischen.

4 Porzellanschüsseln innen mit Beiriedscheiben auskleiden. Gebratenes Gemüse mit den Nudeln darin verteilen, mit Suppe aufgießen und mit halbierten Eiern garnieren.

Kimchi

mit Spitzpaprika und Focaccia

Zutaten für das Kimchi

1 kg Chinakohl
2 Karotten
80 g Bierrettich
2 Stangen Junglauch
1 Italienische Knoblauchknolle
1 Chilischote
20 g Salz
1 EL scharfes Paprikapulver
1 TL Fischsauce
2 TL Sojasauce

Zutaten für die Spitzpaprika

4 Spitzpaprika
2 Knoblauchzehen
4 EL Olivenöl

Zubereitung

Für das Kimchi Chinakohl waschen, trocknen und klein schneiden. Karotten und Bierrettich schälen und grob raspeln. Junglauch putzen und in feine Ringe schneiden. Knoblauch schälen und blättrig schneiden. Chilischote waschen und klein schneiden.
Alles in einer Schüssel gut vermischen und salzen. Mit Paprikapulver, Fisch- und Sojasauce würzen und stehen lassen bis Saft austritt. In ein Rexglas füllen und darauf achten, dass alles mit Saft bedeckt ist. Das Glas mit einem Tuch abdecken und das Kimchi 5 Tage bei Zimmertemperatur fermentieren lassen.

Spitzpaprika waschen und trocknen, Knoblauch schälen und vierteln. Paprika mit Knoblauch und Olivenöl in Alufolie wickeln. Im Backrohr bei 240 °C Heißluft ca. 10 Minuten backen. Folie öffnen, Paprika umdrehen und weitere 6 Minuten backen. Auskühlen lassen, dann die Haut abziehen.

Für die Focaccia Erdäpfel schälen, kochen und durch eine Presse drücken. Milch mit Germ und Wasser verrühren. Mehl in eine Rührschüssel geben und in die Mitte eine Mulde drücken. Aufgelöste Germ hineingießen, Erdäpfel zugeben, salzen und mit dem Knethaken ca. 5 Minuten zu einem glatten Teig schlagen.
Ein Backblech mit Olivenöl auspinseln, Teig darauf gleichmäßig verteilen. Mit Öl bestreichen und 40 Minuten an einem warmen Platz gehen lassen. Teig mit den Fingerspitzen andrücken, mit Meersalzflocken und Rosmarin bestreuen. Im Backrohr bei 170 °C Heißluft 35 Minuten backen.

Für den Aufstrich Erdäpfel schälen, in Salzwasser kochen und noch warm durch eine Presse drücken. Schalotte und Knoblauch blanchieren.
In einem Topf Weißwein mit Safranfäden auf die Hälfte einreduzieren. Unter die Erdäpfelmasse rühren und die restlichen Zutaten einmischen. Mit Salz, Pfeffer und Cayennepfeffer würzen.

Focaccia in kleine Rechtecke schneiden und den Aufstrich darauf verteilen. Spitzpaprika und Kimchi extra dazu anrichten.

Zutaten für 1 Backblech Focaccia

450 g Erdäpfel
120 ml Milch
30 g frische Germ
390 ml lauwarmes Wasser
900 g glattes Mehl
25 g Salz
Olivenöl zum Bestreichen
2 EL Meersalzflocken
2 EL gehackter Rosmarin

Zutaten für den Aufstrich

2 mehlige Erdäpfel
1 Schalotte, kleingewürfelt
1 Knoblauchzehe, kleingewürfelt
100 ml Weißwein
5 Safranfäden
1 EL Mayonnaise
1 EL Sauerrahm
1 EL Creme fraîche
1 Tasse Erbsenkresse (oder Gartenkresse)
Pfeffer, Cayennepfeffer

[BRASSICA OLERACEA CONVAR. CAPITATA VAR. ALBA]

WEISSKRAUT

Es ist das wichtigste und bekannteste unter den Wintergemüsen, trotzdem hatte es lange einen eher armseligen Ruf. Auch die Nebenrolle als Sättigungsbeilage hat das Weißkraut nicht verdient. Dazu schmeckt es richtig zubereitet einfach zu gut. Ohne die Variante Sauerkraut hätten früher weder Seefahrer und Soldaten noch die Landbevölkerung die kalten Monate überlebt. Höchste Zeit also, dem Kraut kulinarisch einen Platz im Rampenlicht zuzuweisen.

Das Weißkraut im Porträt

Das kann Weißkraut

Schwefelhaltige ätherische Öle sind die Ursache für das typische deftige Aroma mit einer leicht süßlichen Note. Durch seinen hohen Gehalt an Ballaststoffen hält es lange satt und bringt die Verdauung in Schwung. Dazu enthält es in großer Menge eine Form von Vitamin C, die sich beim Erhitzen voll entfaltet. Gemeinsam mit dem hohen Gehalt an Zink wird dadurch das Immunsystem gestärkt. Dazu kommen Bioflavonoide, Chlorophyll und Indole, die die Zellen schützen und den Alterungsprozess verzögern.

Gut zu wissen

- Im Gegensatz zu früher wird frisches Weißkraut heute nicht mehr stundenlang zu Tode gekocht. Fünf bis zehn Minuten gedünstet entfaltet es ein feines Aroma und behält die gesunden Inhaltsstoffe.
- Mit 25 kcal pro 100 g ist Weißkraut an sich ein Schlankmacher. Das Kraut fett macht allerdings die Zugabe von Schmalz oder Speck, was den Geschmack fördert. Kein Krautsalat ohne Speckwürfel, kein Kraut zum Bratl mit Knödel ohne abgeschmalzene Zwiebeln.
- Gibt man beim Kochen Kümmel, Fenchel, Anis oder Koriander zu, wird die blähende Wirkung vermindert.
- Die Außenblätter von Krautköpfen müssen glatt und glänzend sein und sollten auf sanften Druck nicht nachgeben. Hält im kühlen Keller oder Gemüsefach im Kühlschrank bis zu 2 Monate, bleibt angeschnitten 3 Wochen knackig, wenn man es in ein feuchtes Tuch wickelt.
- Schmeckt roh als Salat, gedünstet als Krautfleckerl oder Krautfleisch, in der Suppe, im Strudel oder gefüllt als Rouladen.
- Schmeckt gut zu Schwein, Speck, Zwiebel und Erdäpfel sowie in Kombination mit Essig, Kümmel, Paprikapulver und Wacholder.
- Lange haltbar ist es als milchsäurevergorenes Sauerkraut, das gehobelt luftdicht in Salz eingelegt wird. Oder als Grubenkraut, für das man ganze Krautköpfe blanchiert, sie in metertiefe Gruben schichtet und dort 4 Monate vergären lässt.

Geschichte & Geschichten

Auch das Weißkraut ist ein Ableger der Wildform des Kohls, der ursprünglich aus dem Mittelmeerraum kommt. In der Antike war Kraut sehr beliebt, hatte aber bereits damals ein Imageproblem. Überliefert ist etwa ein Disput zwischen den griechischen Philosophen Diogenes und Aristippos von Kyrene, ob es besser sei, sich mit dem Dienst auf einem Tyrannenhof zu erniedrigen oder lieber Kraut zu waschen.
Vor dem Verderben bewahrte man Kraut lange vor der Erfindung des Kühlschrankes durch Vergären, wodurch Sauerkraut entstand. 60 Tonnen davon hatte James Cook bei seiner Weltumsegelung im 18. Jahrhundert an Bord, später diente es auch Napoleons Armee als Vitaminquelle. In der Volksmedizin populär machte es Sebastian Kneipp, bei dessen berühmter Kur es sowohl Sauerkraut zu Essen als auch als Saft zu Trinken gab.

Im eigenen Garten

Aussaat: Herbst- und Wintersorten Mitte Mai; Jungpflanzen im Juni im Abstand von 50 cm setzen.
Standort: Nährstoffreiche, lehmige Böden mit ausreichender Wasserversorgung.
Frühestens nach 3 Jahren wieder im selben Beet anbauen, gute Vorfrüchte sind Hülsenfrüchte.
Gute Nachbarn sind Spinat, Sellerie, Bohnen, Rote Rüben, Endivien und Mangold.
Ernte: Ab Oktober, kann bei bis zu -5 °C im Beet bleiben, mit Reisig oder Schnee bedeckt, halten sie dort bis ins Frühjahr. Zum Einlagern in Stroh oder Zeitungspapier wickeln.
Gute Sorten für Sauerkraut: Tullnerfelder Weißkraut (Donaukraut), Oststeirerkraut, Walser Kraut, Filder, Holsteiner Platter

WAS WANN ZU TUN IST	Jän	Feb	Mär	Apr	Mai	Jun	Jul	Aug	Sep	Okt	Nov	Dez
Aussaat					●	●						
Ernte	●	●	●							●	●	●

Stöckelkraut

mit Selchschinken

Zutaten

1/2 Krautkopf
2 Zwiebeln
1 Italienische Knoblauchknolle
3 EL Butterschmalz
4 Scheiben Selchschinken
Salz, Pfeffer
1 EL Kümmel
2 Lorbeerblätter
1 l Madeira
1 l Rindssuppe

Zubereitung

Krautkopf zuputzen und in 8 keilförmige Stücke schneiden. Zwiebeln und Knoblauch schälen. Zwiebeln in dicke Scheiben, Knoblauchknolle blättrig schneiden.
In einem Topf Butterschmalz erhitzen, Schinkenscheiben darin anbraten und herausnehmen. Krautstücke einlegen, anbraten und wieder herausnehmen.
Zwiebeln und Knoblauch im Topf anschwitzen. Schinken und Kraut wieder zugeben, mit Salz, Pfeffer und Kümmel würzen. Lorbeerblätter einlegen und mit Madeira ablöschen. Aufkochen und etwa 2 Minuten köcheln, damit sich der Alkohol verflüchtigt.
Mit Rindsuppe aufgießen und den Topf ins Backrohr schieben. Bei 200 °C Ober-/Unterhitze ca. 25 Minuten dünsten.
Herausnehmen, Lorbeerblätter entfernen und das Stöckelkraut mit Selchschinken anrichten.

Polsterzipfel

mit Sauerkraut

Zutaten

Für das Kraut:
800 g Sauerkraut
1 Zwiebel
1 Apfel
100 g Frühstücksspeck
1 TL Wacholderbeeren
1 TL Piment
1 TL Pfefferkörner
3 EL Butterschmalz
750 ml Rindsuppe
1 Lorbeerblatt
Salz, Pfeffer, Zucker

Für die Zipfel:
500 g Erdäpfel
500 g glattes Mehl
Muskatnuss
Mehl für die Arbeitsfläche
Butterschmalz zum Backen

Zubereitung

Kraut mit lauwarmem Wasser waschen. Zwiebel schälen und würfeln. Apfel schälen, vom Kerngehäuse befreien und blättrig schneiden, Speck klein schneiden. Wacholderbeeren, Piment und Pfefferkörner in einem dünnen Baumwolltuch zu einem Gewürzsackerl binden.
In einem Topf Butterschmalz erhitzen, Zwiebel, Speck und Apfel darin anschwitzen. Mit Suppe aufgießen, Kraut, Lorbeerblatt und Gewürzsackerl zugeben. Zugedeckt bei mittlerer Hitze 1 bis 1 ½ Stunden weichdünsten. Dabei immer wieder umrühren. Zum Schluss Gewürzsackerl und Lorbeerblatt entfernen, mit Salz, Pfeffer und Zucker abschmecken.

Für die Zipfel Erdäpfel kochen, schälen und durch die Erdäpfelpresse drücken. Mit Mehl, Salz, Pfeffer und Muskatnuss glatt verkneten. Mit der Nudelmaschine oder einem bemehlten Nudelwalker 1 cm dick ausrollen und in längere Zipfel schneiden.
In einer Pfanne Butterschmalz erhitzen, Zipfel darin goldgelb herausbacken. Auf Küchenpapier abtropfen lassen, salzen und mit Sauerkraut anrichten.

Szegedinerkraut

mit Hummer

Zutaten

Für das Kraut:
1 Krautkopf (ca. 1 kg)
2 Zwiebeln
1 Knoblauchzehe
80 g Butter
Salz, Pfeffer
1 TL Kümmel
2 EL Paradeismark
1 EL Paprikapulver, edelsüß
1 l Gemüsefond

2 Hummer
4 EL Butter

Für die Garnitur:
4 rote Chilischoten
Öl zum Frittieren
1 TL Weißweinessig
1 TL Maiskeimöl
Zucker, Cayennepfeffer
1 Msp. Kümmel

Zubereitung

Krautkopf putzen, vom Strunk befreien und in feine Streifen schneiden. 4 EL für die Garnitur beiseitestellen. Zwiebeln und Knoblauch schälen. Zwiebeln in feine Streifen schneiden, Knoblauch fein reiben.
In einem Topf Butter erhitzen, Zwiebeln und Knoblauch darin anschwitzen. Mit Salz, Pfeffer und Kümmel würzen. Kraut zugeben, kurz anziehen lassen, dann Paradeismark einrühren. Leicht anrösten, Paprikapulver einmischen und Gemüsefond zugießen. Das Kraut bei mittlerer Hitze ca. 40 Minuten weich dünsten.

Hummer über Dampf 5 Minuten garen. Sofort in Eiswasser abschrecken, dann das Hummerfleisch auslösen.
Butter lauwarm zerlassen und salzen. Hummerfleisch durchschwenken und bis zum Servieren darin warm halten.

Chilischoten in heißem Öl bei 170 °C kurz scharf anbraten. Auf Küchenpapier abtropfen lassen.

4 EL vom Weißkraut mit Essig, Öl, Salz, einer Prise Zucker, Cayennepfeffer und Kümmel marinieren.

Szegedinerkraut mit Hummer anrichten, mit gebratenen Chilischoten und mariniertem Weißkraut garnieren.

Krautfleckerl

mit Sauerrahm-Dip

Zutaten

Für die Fleckerln:
125 g griffiges Mehl
125 g feiner Hartweizengrieß
200 g Dotter (von ca. 10 Eiern)
25 ml Olivenöl
1 Prise Salz
Mehl zum Ausrollen

1 Weißkraut (ca. 800 g)
1 Zwiebel
2 EL Butterschmalz
1 TL Zucker
1 EL Kümmel
Pfeffer

Für den Dip:
4 EL Sauerrahm
1 Spritzer Zitronensaft
1 TL Olivenöl

4 Zweige Krause Petersilie, gehackt

Zubereitung

Für die Fleckerln alle Zutaten zu einem glatten Teig verkneten. In Frischhaltefolie wickeln und 30 Minuten im Kühlschrank rasten lassen.
Mit der Nudelmaschine dünn ausrollen und auf eine bemehlte Arbeitsfläche legen. Mit einem Teigroller Rauten ausschneiden und in Salzwasser 6 Minuten kochen.

Weißkraut putzen, aufblättern und in Streifen schneiden. Zwiebel schälen und würfeln.
In einem Topf Butterschmalz erhitzen, Zucker darin karamellisieren. Zwiebel und Kümmel darin anschwitzen. Kraut zugeben, salzen, pfeffern und 30 Minuten weich dünsten. Zum Schluss Fleckerln untermischen und abschmecken.

Für den Dip alle Zutaten glatt rühren, mit Salz und Pfeffer würzen. Die Krautfleckerln damit beträufeln und mit gehackter Petersilie bestreuen.

[CUCURBITA SSP.]

KÜRBIS

Es ist eine weitverzweigte Großfamilie mit Nachname Kürbis, über die wir uns jeden Herbst und Winter freuen. Grob lassen sich die Mitglieder in Zier- und Speisekürbisse einteilen, wobei letztere oft so prachtvoll sind, dass sie sich auch als Dekoration gut machen. Die über 800 Sorten spielen sämtliche Farben, Größen, Musterungen und Formen durch. In der Küche zählt vor allem eines: Mit seinem feinen nussigen Geschmack ist der Kürbis eines der beliebtesten Gemüse, obwohl er doch eigentlich eine Beere ist.

Der Kürbis im Porträt

Das kann der Kürbis

Obwohl er süß schmeckt, fallen 26 kcal pro 100 g kaum ins Gewicht. Da er schnell den Magen füllt, ist er eine ideale Sättigungsbeilage und gleichzeitig in der Diätküche gerne gesehen. Er enthält viele Mineralstoffe, am meisten jedoch Kalium – 300 mg pro 100 g –, das den Flüssigkeitshaushalt im Körper reguliert. Dazu ist er vitaminreich und enthält Kieselsäure, die gut für Haut und Nägel ist. Beta-Carotin, Vitamin C und E schützen außerdem den Körper vor Antioxidantien und wirken positiv auf das Immunsystem. Neben dem Fruchtfleisch sind auch die Kerne ein Schatz. Das daraus gewonnene Kürbiskernöl schmeckt nicht nur gut, es wirkt mit seinen ungesättigten Fettsäuren positiv auf den Cholesterinspiegel.

Gut zu wissen

- Unter den vielen Sorten sind am beliebtesten:
  Hokkaido: essbare Schale, leicht nussig, festes Fruchtfleisch; *Butternut*: leicht süßlich, aber nussig, wenige Kerne; *Muskatkürbis*: würziges Aroma, leicht faserige Konsistenz, vielseitig; *Early Harvest*: für Suppen und Püree und zum Schnitzen für Halloween; *Spaghettikürbis*: nudelartige Fasern, wird im Ganzen gekocht und ausgelöffelt.
- Dunkel, trocken und kühl gelagert, halten Kürbisse bis zu 6 Monate. Angeschnittene Exemplare halten mit Klarsichtfolie bedeckt eine Woche im Kühlschrank.
- Reif ist er, wenn er beim Draufklopfen hohl klingt, bei Druck nicht nachgibt und einen verholzten Stielansatz hat.
- Blanchierte Spalten können eingefroren und vier Monate lang verarbeitet werden. Mehrere Monate hält der Kürbis auch sauer eingelegt.
- Schmeckt klassisch als Suppe, Püree, gegart und gebraten. Passt gut zu Nudeln, Reis, Erdäpfeln und Couscous sowie in Kombination mit Ingwer, Knoblauch, Chili, Salbei, Kreuzkümmel und natürlich Kürbiskernöl.

Geschichte & Geschichten

»Cucurbita« nannte man die Kürbisse in der Antike in der Alten Welt. Das waren Flaschenkürbisse mit harter Schale, die als Trinkgefäße und Musikinstrumente verwendet wurden. Mit Kolumbus kam dann der Speisekürbis aus der Neuen Welt zu uns. In Südamerika war er schon lange ein Grundnahrungsmittel, zunächst nur seine Blätter, Blüten und Schalen. Erst durch Selektion konnte auch das Fruchtfleisch mit seinen vielen Bitterstoffen langsam bekömmlich gemacht werden. Als »indianischer öppfel« wird er erstmals 1546 vom deutschen Botaniker Hieronymus Bock schriftlich erwähnt.

In allen Kulturen stand der Kürbis für Fruchtbarkeit. Für die Mayas galt er als Regenmacher, die Pueblo-Indianer legten neugeborenen Mädchen einen Kürbis auf den Bauch, damit sie später viele Kinder gebären. In China sollten kinderlose Frauen an einem bestimmten Tag Kürbisse essen und im europäischen Raum empfahl der Volksglaube, zu Christi Himmelfahrt einen Kübel Kürbissamen aufzustellen, um große Kürbisse zu ernten. Der größte jemals gezogene Kürbis brachte übrigens 1.190,5 Kilo auf die Waage.

Im eigenen Garten

Anpflanzung: Samen ab Mitte April vorziehen und Mitte Mai einpflanzen. Oder nach den Eisheiligen direkt in die Erde säen.

Standort: Sonnig, warm und windgeschützt, auf humusreichen Böden, die gut Wasser halten. Pro Pflanze mindestens 1 m^2 Platz, brauchen in heißen Sommern täglich 10 Liter Wasser.

Bringt viele Nährstoffe in den Boden ein, ist also eine gute Vorfrucht für andere Kulturen.

Gut in Mischkultur mit Bohnen und Mais.

Ernte: Ende August bis Anfang November vor dem ersten Frost. Merkmale sind eine harte Schale und die sortentypische Färbung.

WAS WANN ZU TUN IST	Jän	Feb	Mär	Apr	Mai	Jun	Jul	Aug	Sep	Okt	Nov	Dez
Aussaat				●	●							
Ernte								●	●	●	●	

Gegrillter Kürbis

mit BBQ-Sauce

Zutaten

Für die BBQ-Sauce:
1 Zwiebel
3 Knoblauchzehen
1/2 Chilischote
100 g brauner Zucker
1 TL Ingwer, fein gerieben
200 ml Orangensaft
70 ml Sojasauce
2 EL Paradeismark
1 EL Honig
200 ml Ketchup
2 EL Rauchöl (oder Olivenöl)

1 Butternusskürbis (ca. 1 kg)
60 g Butter
12 Blätter Koriander, gehackt
2 Handvoll Thunfischflocken

Zubereitung

Für die Sauce Zwiebel und Knoblauch schälen, Zwiebel fein würfeln, Knoblauch in Scheiben schneiden. Chilischote waschen und fein würfeln. In einem Topf Zucker karamellisieren, Zwiebel, Knoblauch und Ingwer darin anschwitzen. Mit Orangensaft ablöschen und Sojasauce zugießen. Chili, Paradeismark, Honig, Ketchup und Öl zugeben, 15 Minuten einkochen. Vom Herd nehmen, pürieren, durch ein Sieb passieren und abschmecken.

Kürbis halbieren, Kerne entfernen und auf ein Blech legen. Mit der BBQ-Sauce marinieren und mit Butter belegen.
Im Rohr bei 220 °C Ober-/Unterhitze ca. 25 Minuten grillen. Mit Koriander und Thunfischflocken bestreuen.

Kürbisgulasch

mit Erdäpfeln

Zutaten

1 kg Muskatkürbis
4 speckige Erdäpfel
1 kg Zwiebeln
4 Knollen italienischer Knoblauch
500 ml Butterschmalz
4 EL Paradeismark
2 EL Paprikapulver, edelsüß
1 TL Paprikapulver, geräuchert
100 ml Rotweinessig
Salz, Pfeffer
1 Lorbeerblatt
geriebene Zesten von 1 Bio-Orange
2 l Kürbisfond (oder Gemüsefond)
2 Essiggurken

Zubereitung

Kürbis, Erdäpfel, Zwiebeln und Knoblauch schälen. Kürbis in ca. 3 x 3 cm große Würfel schneiden. Erdäpfel vierteln, Zwiebeln fein würfeln und Knoblauch reiben.

In einem Topf Butterschmalz erhitzen, Zwiebeln und Knoblauch darin goldgelb anschwitzen. Das Schmalz durch ein Sieb abgießen und die Hitze reduzieren. Topf mit Zwiebeln und Knoblauch wieder aufsetzen, Paradeismark einmischen und leicht anrösten. Aufpassen, dass es nicht anbrennt, da das Paradeismark sonst bitter wird. Beide Paprikapulver einmischen, anrösten und mit Essig ablöschen. Salzen und pfeffern, Lorbeerblatt einlegen und Orangenzesten zugeben. Mit Fond aufgießen, Kürbis und Erdäpfel zugeben und 40 Minuten köcheln.

Essiggurkerl klein schneiden. Zum Schluss zugeben und das Gulasch abschmecken.

Rehragout

mit Kürbisspätzle und Chutney

Zutaten für das Chutney

400 g Hokkaidokürbis
2 Schalotten
2 Knoblauchzehen
100 g Zucker
1 EL Senfkörner
1 TL Curry
1 Msp. Kurkuma
2 Safranfäden
100 ml Apfelessig
100 ml Gemüsefond

Zutaten für den Kürbisfond

500 g Hokkaidokürbis
1 Zwiebel
1 Knoblauchzehe
50 g Butter
3 Safranfäden
1 TL Currypulver
1 Msp. Kurkuma
1 l Gemüsefond

Zubereitung

Für das Chutney Kürbis vom Kerngehäuse befreien und grob reiben. Schalotten und Knoblauch schälen, Schalotten würfeln, Knoblauch reiben.
In einem Topf Zucker karamellisieren, Schalotten und Knoblauch zugeben. Kürbis mit Gewürzen einmischen, mit Essig ablöschen. Gemüsefond zugießen und den Kürbis unter öfterem Umrühren ca. 40 Minuten weich kochen. Chutney abschmecken, heiß in Einmachgläser füllen und verschließen. In einem zugedeckten Topf mit kochendem Wasser 10 Minuten sterilisieren. An einem kühlen Platz 1 Woche ziehen lassen.

Für den Fond Kürbis, Zwiebel und Knoblauch schälen und klein würfeln. In einem Topf mit Butter anschwitzen, Safran, Currypulver und Kurkuma einrühren und leicht mitrösten. Mit Gemüsefond aufgießen und den Kürbis ca. 30 Minuten weich kochen. Mit einem Pürierstab fein pürieren und durch ein Sieb passieren.

Für die Spätzle Topfen mit Eiern und Dotter glatt rühren und würzen. Mehl zugeben und zu einem glatten Teig rühren.
In einem Topf Wasser aufkochen, Teig mit einem Spätzlehobel hineinstreichen. Einmal aufkochen, mit einem Gitterschöpfer herausheben und in Eiswasser abschrecken.
In einer Pfanne Butter erhitzen, Spätzle durchschwenken, abschmecken und mit Kürbisfond glasieren.

Für das Ragout Schulter zuputzen, in daumengroße Würfel schneiden, salzen und pfeffern. Wurzelgemüse und Zwiebeln schälen und würfeln.
In einem Topf Öl erhitzen, Fleisch darin scharf anbraten und herausnehmen. Butter im Topf aufschäumen, Gemüse und Zwiebeln darin bei mittlerer Hitze anrösten. Mit Rotwein ablöschen, mit Wildfond aufgießen und Preiselbeeren einmischen. Fleisch mit Rosmarinzweig, Lorbeerblatt und Wacholderbeeren zugeben und 1 Stunde weich kochen.
Fleisch herausheben, Rosmarinzweig und Lorbeerblatt entfernen. Sauce mit einem Pürierstab mixen, abschmecken, das Fleisch wieder zugeben und im Ragout erwärmen. Rehragout mit Spätzle und Chutney anrichten.

Zutaten für die Spätzle

250 g Topfen (20 %)
4 Eier
3 Dotter
Salz, Pfeffer, Muskatnuss
250 g griffiges Mehl
Butter zum Schwenken

Zutaten für das Rehragout

500 g Rehschulter
100 g Knollensellerie
50 g Petersilwurzel
2 Zwiebeln
Öl zum Anbraten
100 g Butter
250 ml Rotwein
500 ml Wildfond
1 EL Preiselbeeren
1 Zweig Rosmarin
1 Lorbeerblatt
3 Wacholderbeeren

Kürbiskernparfait

mit Topfencreme

Zutaten

Für den eingelegten Kürbis:
500 g Muskatkürbis
50 ml Wasser
75 ml weißer Balsamico
120 g Zucker
1 Gewürznelke
1/4 Zimtstange

Für den Krokant:
50 g Kürbiskerne
15 g Zucker
5 g Butter
1 Prise Salz

Für das Parfait:
60 g Milch
1 g Xanthan
100 g Kernöl
250 g Obers
3 Eiklar (80 g)
120 g Zucker
2 Blatt Gelatine

Für die Topfencreme:
100 g Topfen
50 g Creme fraîche
20 g Sauerrahm
1 Msp. Vanillemark
Saft von 1/4 Zitrone
Schale von 1/2 Zitrone, gerieben

Zubereitung

Zum Einlegen Kürbis schälen, entkernen und in 12 dünne Scheiben schneiden.
In einem Topf Wasser mit den restlichen Zutaten einmal aufkochen. Kürbisscheiben einlegen und nochmals aufkochen. Heiß in ein Rexglas füllen und verschließen.
Einen Topf mit Küchenpapier auslegen und 1/3 hoch mit warmem Wasser befüllen. Glas hineinstellen, den Topf zudecken und zum Sterilisieren 10 Minuten köcheln. An einem dunklen, kühlen Platz 2 Wochen ziehen lassen.

Für den Krokant Kürbiskerne auf einem Backblech verteilen. Im Backrohr bei 180 °C Heißluft 8 Minuten rösten.
Zucker in einem Topf karamellisieren, geröstete Kerne zugeben und salzen. Butter einrühren und die heiße Masse auf ein Backpapier streichen. Auskühlen lassen, dann mit einem Messer grob hacken.

Für das Parfait Milch mit Xanthan vermischen. Kernöl tropfenweise einlaufen lassen und zu einer Mayonnaise mixen.
45 g vom Obers in einem Topf beiseitestellen, das restliche Obers aufschlagen.
Eiklar mit Zucker in einer Schüssel über kochendem Wasser aufschlagen. Vom Herd nehmen und über Eiswasser kalt schlagen.
Gelatine in Wasser einweichen und ausdrücken. Die 45 g Obers erwärmen und Gelatine darin auflösen. Mit geschlagenem Eiklar, Schlagobers und Mayonnaise vermischen und in eine tiefe Form gießen. Im Tiefkühler mindestens 8 Stunden durchfrieren.

Für die Topfencreme alle Zutaten gut verrühren und abschmecken.

Parfait portionieren, mit eingelegetem Kürbis, Krokant und Topfencreme anrichten.

[APIUM GRAVEOLENS]

SELLERIE

Sie ist das Zentrum jedes Suppengrüns, auf das in keinem Fall verzichtet werden kann. Schließlich sorgt die Sellerie für angenehme Würze und ein einzigartiges Aroma. Ihr unverwechselbarer Duft bleibt lange appetitanregend in der Nase hängen und es verwundert kaum, dass sie einst von Homer in der Odyssee besungen wurde. Ihren Ruf als Aphrodisiakum hat sie zwar in der Zwischenzeit eingebüßt, kulinarisch aber ist sie trotzdem weiter fest verankert. Sie schmeckt einfach zu gut.

Die Sellerieknolle im Porträt

Das kann die Sellerieknolle

Es sind die reichlich enthaltenen ätherischen Öle, denen die Sellerie ihr typisches Aroma verdankt. Diese regen auch den Stoffwechsel an und wirken sanft entwässernd. Bitterstoffe beruhigen einerseits den Magen und aktivieren gleichzeitig das Verdauungssystem. Besonders viele davon stecken in den Blättern, die in der Volksmedizin wegen ihrer positiven Wirkung auf Nerven und Gehirn eingesetzt wurden. Als gesundes Gemüse gilt die Sellerie noch wegen der Vitamine A, B, C und E und ihrem Gehalt an Eisen, Kalium, Kalzium und Magnesium. Mit 17 kcal und 0,25 g Fett auf 100 g schlägt sie sich kaum aufs Gewicht.

Gut zu wissen

- Am besten ganze Knollen kaufen, durch Schnittstellen gehen Geschmack und Vitamine verloren. Sie dürfen auf Fingerdruck nicht nachgeben und sollten keine braunen Stellen haben. Greifen sie sich weich an oder klingen hohl, sind die Knollen alt und innen schwammig.
- Hält im Kühlschrank bis zu 2 Wochen. Bei 5 °C und hoher Luftfeuchtigkeit können die Knollen z. B. in einer Kiste mit Sand monatelang gelagert werden.
- Knollen zunächst putzen, mit einem Sparschäler schälen, dann waschen und trockentupfen. Beim Schälen großzügig vorgehen und unansehnliche Stellen entfernen.
- Aufgeschnitten oxidiert das weiße Fleisch schnell und bekommt braune Flecken. Die Stücke daher entweder sofort mit Zitronensaft beträufeln oder bis zur Weiterverarbeitung in Essigwasser legen.
- Schmeckt roh als Salat mit Essig mariniert, darf in keiner Minestrone oder klassischen Gemüsesuppe sowie in Suppenwürze fehlen. Kann paniert, gebacken, als Sauce oder Püree zubereitet werden.
- Passt gut zu Huhn, Schwein und Fisch, mit Äpfeln, Walnüssen, Erdnüssen und Petersilie.

Geschichte & Geschichten

Sie kommt aus dem Mittelmeerraum und taucht bereits vor drei Jahrtausenden als Lieblingsgemüse der Nymphe Kalypso in Homers *Odyssee* auf. Bei den alten Griechen beliebt waren auch Kränze aus Sellerieblättern, die den Siegern bei Wettkämpfen aufs Haupt gedrückt wurden. »Selinon« – ich bekränze – nannten sie das Gemüse, von dem sich der deutsche Name Sellerie ableitet. Bis ins 18. Jahrhundert wurde sie vorwiegend in der Volksmedizin eingesetzt, wo man ihr eine stimmungsaufhellende und blutreinigende Wirkung nachsagte. Vor allem hatte sie aber einen Ruf als Aphrodisiakum, das zum Einsatz kam, wenn man jemanden richtig zum Lodern bringen wollte. So war es etwa bei bäuerlichen Hochzeiten Brauch, dass sich die Brautleute ein Stück Sellerie als ehelichen Glücksbringer ins Gewand steckten.

Im eigenen Garten

Aussaat: Anfang März bis Mitte Juli; vorgezogene Jungpflanzen nach den Eisheiligen im Mai bis Ende Juli einsetzen; Pflanzabstand 50 x 50 cm, nicht zu tief setzen, sonst bilden sie viele Seitenwurzeln.
Standort: Humose Böden mit guter Wasser- und Nährstoffversorgung; windoffene Lage mit mäßig warmen und feuchten Witterungsbedingungen.
Erst nach 5 Jahren wieder im selben Beet einsetzen, das gilt auch für andere Doldenblütler; Gute Vorfrüchte sind Hülsenfrüchte, ein guter Nachbar ist Porree.
Ernte: Ab Oktober den ganzen Winter; überstehen leichte Fröste, dürfen aber nur bei bis zu -5 °C im Beet überwintern.

WAS WANN ZU TUN IST	Jän	Feb	Mär	Apr	Mai	Jun	Jul	Aug	Sep	Okt	Nov	Dez
Aussaat			●	●	●	●	●					
Ernte	●	●	●							●	●	●

Sellerieravioli

mit Birne und Maroni

Zutaten

Für den Teig:
400 g Dotter (von 20 Eiern)
250 g Grieß
250 g griffiges Mehl
5 g Salz
5 g Olivenöl
Mehl zum Ausrollen
Eidotter zum Bestreichen

Für die Creme:
1 Sellerieknolle
100 g Butter
1 l Obers
Salz, Pfeffer, Muskatnuss
1 Eidotter

Zum Glasieren:
50 g Butter
200 g Geflügelfond

Für die Garnitur:
1 EL Zucker
1 EL Butter
50 ml Baileys
100 ml Obers
12 gekochte Maroni
2 Birnen
Saft von 1/2 Zitrone
100 ml Birnensaft
2 EL Selleriestangenblätter aus der Mitte

Zubereitung

Für den Teig alle Zutaten mit dem Knethaken einer Küchenmaschine glatt verkneten. Mit der Nudelmaschine dünne Bahnen ausrollen, bemehlen und auf eine bemehlte Arbeitsfläche legen.

Für die Creme Sellerie waschen, schälen und würfeln.
Butter in einem Topf bräunen, mit Obers ablöschen und würzen. Sellerie zugeben und weich kochen.
Mit einem Pürierstab fein mixen und auskühlen lassen. Eidotter unterziehen, abschmecken und in einen Spritzsack füllen. 4 EL für die Garnitur beiseitestellen.
Selleriecreme in Abständen auf die Teigplatten spritzen. Rund ausstechen, mit Dotter bestreichen, zusammenklappen und gut festdrücken.
In einem Topf Salzwasser aufkochen, Ravioli darin 10 Minuten leicht köcheln.
Vor dem Anrichten in einer Pfanne Butter leicht bräunen. Geflügelfond zugießen, salzen und pfeffern. Ravioli einlegen und glasieren.

Für die Garnitur Zucker in einem Topf karamellisieren. Butter einrühren und mit Baileys ablöschen. Obers zugießen, Maroni einlegen und 5 Minuten köcheln.
Birnen schälen und mit einem Parisienne-Ausstecher Kugeln ausstechen.
Zitronen- und Birnensaft mit den Birnenkugeln einmal aufkochen. Vom Herd nehmen und ziehen lassen, bis sie lauwarm sind.

4 EL Selleriecreme erwärmen und auf Teller streichen. Ravioli mit Maroni und Birnen darauf anrichten. Mit Sellerieblättern garnieren.

Selleriesalat

mit Quitte, Rinderschinken und Schafkäse

Zutaten

Für das Quittengelee:
1 Quitte
100 g brauner Zucker
1 Msp. gemahlener Anis
1 Msp. Zimt
500 ml Wasser
6 g Agar Agar

Für den Salat:
500 g Knollensellerie
1 EL Quittenessig
2 EL Walnussöl
Salz, Pfeffer, Zucker
1 Stangensellerie
16 dünne Scheiben Rinderschinken
6 Bällchen Schafkäse
2 Walnüsse

Zubereitung

Für das Gelee Quitte schälen und vom Kerngehäuse befreien. Quitte in feine Scheiben schneiden und für den Salat beiseitestellen.
Quittenschale und Kerngehäuse mit den restlichen Zutaten außer Agar Agar einmal aufkochen. Zudecken und 30 Minuten köcheln.
Durch ein Sieb passieren, mit Agar Agar aufkochen und 3 Minuten köcheln.
In eine rechteckige Form gießen und 1 Stunde im Kühlschrank kalt stellen.

Sellerie schälen und in feine Scheiben schneiden. Mit den Quittenscheiben in einer Schüssel mit Essig und Öl marinieren, mit Salz, Pfeffer und Zucker abschmecken.
Stangensellerie schälen, mit einem Sparschäler der Länge nach in feine Streifen schneiden und in kaltes Wasser legen.

Marinierte Sellerie- und Quittenscheiben abwechselnd mit Rinderschinken auf Tellern anrichten. Schafkäse zerzupfen und darauf verteilen. Stangensellerie trocken tupfen, Quittengelee in Würfel schneiden und den Salat damit garnieren. Zum Schluss Walnüsse reiben und darüberstreuen.

Sellerieschnitzel

mit getrüffeltem Erdäpfelsalat

Zutaten

1 Sellerie à ca. 800 g
Öl zum Bestreichen
Meersalz
Mehl, Eier und Brösel zum Panieren
Butterschmalz zum Backen
Salz

Für den Salat:
500 g speckige Erdäpfel
1 TL Kümmel
1 Zwiebel
100 ml Maiskeimöl
1 EL Senf
3 EL Apfelessig, naturtrüb
1 Schuss Essiggurkenwasser
250 ml Rindsuppe
Pfeffer, Muskatnuss
10 g Trüffel

Für die Garnitur:
40 g Friséesalat
1 EL Apfelessig
1 EL Olivenöl
1 Spritzer Zitronensaft
Zucker
10 g Trüffel

Zubereitung

Sellerieknolle im Ganzen gut waschen, trocknen und mit Öl einstreichen. Den Boden eines flachen Gefäßes mit Meersalz ausstreuen, die Sellerie daraufsetzen. Im Backrohr bei 200 °C ca. 1 Stunde schmoren. Abkühlen lassen, schälen und in fingerdicke Scheiben schneiden. In Mehl, Ei und Brösel panieren. Butterschmalz in einer Pfanne auf 170 °C erhitzen. Sellerieschnitzel darin schwimmend goldgelb herausbacken. Auf Küchenpapier abtropfen lassen und salzen.

Für den Salat Erdäpfel waschen. In Salzwasser mit Kümmel ca. 25 Minuten weich kochen. Kurz auskühlen lassen, dann schälen und blättrig schneiden. Für die Marinade Zwiebel schälen und würfeln. In Öl glasig anschwitzen, Senf, Essig, Gurkerlwasser und Suppe zugeben. Mit Salz, Pfeffer und Muskatnuss würzen und Erdäpfel zugeben. Trüffel klein würfeln, einmischen und gut durchrühren. Mit Frischahltefolie bedecken und 30 Minuten ziehen lassen.

Friséesalat waschen und trocken schleudern. Mit Essig, Öl, Zitronensaft, Zucker, Salz und Pfeffer marinieren.

Sellerieschnitzel mit Erdäpfelsalat anrichten. Mit Frisée garnieren und Trüffel darüber hobeln.

Sellerie-Liwanzen

mit Powidl

Zutaten

Für den Teig:
170 g glattes Mehl
250 ml lauwarme Milch
20 g frische Germ
30 ml flüssige Butter
1 Eidotter
1 Schuss Rum
1 Prise Salz
Schale von 1/4 Bio-Zitrone, gerieben
1 Eiklar
25 g Zucker
Butterschmalz zum Backen

Für die Füllung:
8 EL Selleriecreme, siehe Sellerieravioli (S.150)
1 EL Zucker
2 EL Powidl
1 TL Rum

Staubzucker zum Bestreuen
4 EL Selleriecreme (S. 150) für die Garnitur

Zubereitung

Für den Teig Mehl mit Milch und Germ zu einem Dampfl verrühren und 15 Minuten gehen lassen.
Butter, Dotter, Rum, Salz und geriebene Zitronenschale ins Dampfl rühren.
Eiklar mit Zucker schaumig aufschlagen und unterheben.
Eine Pfanne auf mittlere Hitze erwärmen und leicht mit Butterschmalz ausfetten. Teig mit einem Löffel einlegen und die Liwanzen beidseitig goldgelb backen.

Für die Füllung Selleriecreme wie bei den Sellerieravioli zubereiten. Erwärmen und mit Zucker verrühren.
Powidl mit Rum glatt rühren.

Jeweils eine Liwanze mit Selleriecreme bestreichen und mit einer zweiten Liwanze belegen. Diese mit Powidl bestreichen und eine dritte Liwanze daraufsetzen. Mit Staubzucker bestreuen und mit Selleriecreme garnieren.

[ALICIUNTIA]

TOPINAMBUR

Einst beliebter als die Kartoffel wurde sie ausgerechnet von dieser verdrängt. Dabei kann man die beiden in keinster Weise in einen Topf werfen. Optisch erinnert die Topinambur an Ingwer oder Galgant, mit ihrem feinen nussigen Geschmack kann sie mit der Artischocke konkurrieren und sie als simple Sättigungsbeilage einzusetzen, wäre pure Verschwendung. Welch Glück also, dass die Knolle als Delikatesse langsam wieder in unsere Küchen zurückkehrt.

Die Topinambur im Porträt

Das kann die Topinambur

Diabetiker-Knolle sagt man ebenfalls zur Topinambur, weil sie keine Stärke, sondern etwa 16 Prozent Inulin enthält. Das stärkeähnliche Kohlenhydrat beeinflusst den Blutzuckerspiegel kaum und erspart Diabetikern das Zählen von Broteinheiten. Mit gerade einmal 54 kcal und 0,4 g Fett (jeweils pro 100 g) fällt sie kaum ins Gewicht. Mehrere B-Vitamine, Vitamin D und C plus Kalium, Kalzium und Natrium machen die Topinambur zu einem gesunden Gemüse. Außerdem reicht eine Portion mit 150 g, um das Tagessoll von 30 g an Ballaststoffen zu Zweidrittel zu erfüllen.

Gut zu wissen

- Man kann sie mitsamt der Schale essen, die man mit einer Gemüsebürste abschrubbt. Sie sollte glatt und glänzend sein. Matte, runzelige Exemplare wurden falsch gelagert und haben wenig Aroma. Die Sorten Bianca und Fuseau sind glattschalig, nicht so stark verzweigt und leichter zu verarbeiten.
- Im kühlen Keller bleibt sie ein paar Wochen frisch, im Kühlschrank verliert sie schnell Geschmack und Inhaltsstoffe. Mit einem leicht befeuchteten Tuch bedeckt, bleiben die Knollen im Gemüsefach etwa 1 Woche frisch.
- Gewaschen, geschält, kleingeschnitten und in Salzwasser blanchiert, kann man sie einfrieren.
- Durch Inulin hervorgerufenen Blähungen beugt man vor, indem man Fenchelsamen oder Kardamom ins Kochwasser gibt.
- Geschälte, rohe Topinambur mit Zitronensaft beträufeln, da sich sonst das weiße Fruchtfleisch verfärbt.
- Schmeckt gekocht als Püree und Suppe, gebraten als Rösti, frittiert als Chips, roh und geraspelt im Salat. Ihr feiner Geschmack kommt beim Dämpfen am besten zur Geltung.
- Passt gut mit Karotten, Äpfeln, Kohl, Haselnüssen, Fleisch und Fisch.

Geschichte & Geschichten

Ihre Heimat ist Mittelamerika, von wo aus sie 1610 mit französischen Seeleuten nach Europa segelte. Schnell machte sie als Nutzpflanze Furore, auch weil die Kartoffel zu diesem Zeitpunkt noch als giftig galt. Der Volksmund taufte sie »Jerusalemartischocke«, »Kartüffel« oder »Ewigkeitskartoffel«. Auch als »Erdsonnenblume« war sie bekannt, weil sie botanisch mit den Sonnenblumen verwandt ist. Im Spätsommer leuchten ihre handtellergroßen Blüten besonders schön in warmem Gelb. In Frankreich und Südbayern brannte man einst einen Schnaps aus den Knollen, den sogenannten »Rossler,« nach einem weiteren ihrer Spitznamen, der »Rosskartoffel«, da die Knollen auch an Pferde verfüttert wurden.

Im eigenen Garten

Anpflanzung: Mitte März bis Ende April oder Oktober und November; Knollen in 10 cm Tiefe mit Pflanzabstand 60 x 50 cm in die Erde setzen.
Standort: Anspruchslos, wachsen auf jedem Boden; wegen Wucherneigung entfernt von anderem Gemüse pflanzen. Können mehrere Jahre an einem Platz stehen, wenn der Ertrag zurückgeht, woandershin wechseln. Anhäufeln von Erde rund um die Pflanzen erhöht den Ertrag auf einhalb bis zwei Kilo pro Knolle.
Ernte: Ab Ende Oktober den ganzen Winter, immer wenn das Staudenkraut braun wird. Sind bis zu -30 °C frosthart.
Wichtigste Regel: Man muss der Topinambur Grenzen setzen. Die alte Kulturpflanze neigt zum Wildwuchern und ist nur schwer wieder loszuwerden, wenn man sie nicht im Zaum hält. Am besten die Wurzeln in alte Kübel setzen, denen man unten den Boden abgeschnitten hat.

WAS WANN ZU TUN IST	Jän	Feb	Mär	Apr	Mai	Jun	Jul	Aug	Sep	Okt	Nov	Dez
Aussaat			●	●						●	●	
Ernte	●	●	●							●	●	●

Topinambursuppe

mit Blätterteigstangerln

Zutaten

Für die Suppe:
300 g Topinambur
1 Schalotte
50 g Butter
Trüffelabschnitte
Salz, Pfeffer, Muskatnuss
50 ml Sherry
50 ml Madeira
50 ml weißer Portwein
200 ml Obers
500 ml Gemüsefond

Für die Stangerl:
4 Streifen Blätterteig
1 Dotter
2 EL milder Bergkäse, gerieben
etwas Paprikapulver

Für den Nussbutterschaum:
100 g Butter
200 ml Hühnerfond

20 g schwarze Trüffel

Zubereitung

Topinambur waschen und in Scheiben schneiden. Schalotte schälen und würfeln.
In einem Topf Butter erhitzen, Schalotte, Topinambur und Trüffelabschnitte darin anschwitzen. Mit Salz, Pfeffer und Muskatnuss würzen, mit Sherry, Madeira und Portwein ablöschen. Etwas einreduzieren, dann Obers und Gemüsefond zugießen. Bei mittlerer Hitze 30 Minuten köcheln, bis die Topinambur weich ist. Mit einem Pürierstab mixen und abschmecken.

Für die Stangerl Backrohr auf 180 °C Heißluft vorheizen. Teigstreifen mit Dotter bestreichen, mit Käse und Paprika bestreuen und einrollen. Auf ein mit Backpapier ausgelegtes Blech legen und im Rohr 10 Minuten backen.

Für den Nussbutterschaum in einem Topf 100 g Butter erhitzen und bräunen. Mit Fond aufgießen, würzen und mit einem Pürierstab aufmixen.

Suppe mit Blätterteigstangerln anrichten, mit Nussbutter garnieren und schwarze Trüffel darüber hobeln.

Kalbsbries

mit geschmorter Topinambur

Vorspeise für 4 Personen

Zutaten

600 g Topinambur
1 Zwiebel
2 EL Butter
100 ml Madeira
1 Thymianzweig
Salz, Pfeffer
1 Stange Lauch
2 Chicorée

Für das Bries:
300 g Kalbsbries
1 Schalotte
Öl zum Anbraten
1 EL Butter
1 EL grober Senf
100 ml Madeira
100 ml Sherry
2 EL Kalbjus

Für die Garnitur:
1 Topinambur
Butterschmalz zum Frittieren
40 g schwarze Trüffel

Zubereitung

Topinambur gut waschen und achteln. Zwiebel schälen und ebenfalls in acht Spalten teilen.
Backrohr auf 200 °C Ober-/Unterhitze vorheizen.
Topinambur und Zwiebel mit Butter und Madeira vermischen. Salzen, pfeffern und mit dem Thymainzweig in Alufolie einpacken. Im Rohr 35 Minuten schmoren.
Lauch und Chicorée putzen, waschen und in Stücke schneiden. Lauch kurz in Salzwasser blanchieren.
Lauch und Chicorée mit geschmorter Topinambur vermischen, Thymianzweig entfernen und abschmecken.

Kalbsbries putzen, in walnussgroße Stücke schneiden, salzen und pfeffern. Schalotte schälen und würfeln.
In einer Pfanne Öl erhitzen, Bries darin kurz scharf anbraten. Herausnehmen und auf einem Teller rasten lassen.
Butter in der Pfanne zerlassen, Schalotte darin anschwitzen. Senf einrühren und leicht mitrösten. Mit Madeira und Sherry ablöschen, Kalbsjus zugießen. Bries wieder einlegen und bei mittlerer Hitze ca. 20 Minuten weich schmoren.

Für die Garnitur Topinambur gut waschen und in dünne Scheiben schneiden. Butterschmalz in einer Pfanne auf 140 °C erhitzen, Topinambur-Chips darin goldgelb frittieren. Auf Küchenpapier abtropfen lassen und leicht salzen.

Kalbsbries mit Sauce und geschmorter Topinambur anrichten. Mit Topinambur-Chips und schwarzer Trüffel garnieren.

Topinambur-Raclette

mit Radieschen- und Kürbis-Pickles

Zutaten

Für Radieschen- und Kürbis-Pickles:

1 Bund Radieschen
100 ml Weißweinessig
100 ml Wasser
50 g Zucker
25 g Salz
2 Scheiben Ingwer, geschält
2 EL Kürbiswürfel

Für das Raclette:

1 kg Topinambur
2 Junglauch
20 Scheiben Raclette-Käse

Zubereitung

Radieschen putzen, waschen und vierteln. Trocknen und in ein vorbereitetes Einmachglas schichten.
Die restlichen Zutaten in einem Topf aufkochen und heiß über die Radieschen gießen, sodass sie ganz bedeckt sind. Verschließen und an einem kühlen, dunklen Platz 3 Tage ziehen lassen.

Mit den Kürbiswürfeln ebenso verfahren.

Für das Raclette Topinambur waschen, in 1 cm dicke Scheiben schneiden und in Salzwasser blanchieren.
Junglauch putzen und in feine Scheiben schneiden.
Topinambur in Raclette-Pfännchen mit Käse belegen und gratinieren. Mit eingelegten Radieschen und Kürbis garnieren, mit Junglauch bestreuen.

Topinambur-Crème-brûlée

mit Schokoladenerde

Zutaten

Für die Crème:
400 g Topinambur
1 Bio-Zitrone
100 g Butter
100 g Zucker
400 ml Obers
5 Dotter (ca. 100 g)
brauner Zucker

Für die Dekoration:
2 Topinambur
100 ml Läuterzucker

Für die Schokoladenerde:
100 g glattes Mehl
25 g Vanillepuddingpulver
15 g Kakaopulver
50 g flüssige Butter
50 g brauner Zucker
3 g Salz
65 g Haselnussgrieß

Zubereitung

Für die Crème brûlée Topinambur waschen, schälen und würfeln.
Schale der Zitrone abreiben und Saft auspressen.
In einem Topf Butter erhitzen, Topinambur und Zucker darin anschwitzen.
Obers zugießen und zugedeckt 30 Minuten köcheln. 5 Minuten vor Kochende Zitronenschale und -saft zugeben.
Masse im Mixer pürieren und durch ein feines Sieb streichen. Überkühlen lassen, dann Dotter einrühren und durchmixen. In feuerfeste Förmchen füllen.
Backrohr auf 130 °C Ober-/Unterhitze vorheizen.
Einen großen Topf 3/4 hoch mit Wasser befüllen und die Förmchen hineinstellen. Im Rohr ca. 80 Minuten pochieren, bis die Masse gestockt ist.
Abkühlen lassen und im Kühlschrank 2 Stunden kalt stellen.
Crème brûlée auf Teller stürzen und die Oberfläche komplett mit braunem Zucker bestreuen. Mit einem Bunsenbrenner goldgelb karamellisieren.

Für die Dekoration Topinambur waschen und in feine Scheiben hobeln.
In Läuterzucker einmal aufkochen und auf Küchenpapier abtropfen lassen.
Die Crème brûlée rundherum damit belegen.

Für die Schokoladenerde alle Zutaten vermischen und auf ein mit Backpapier ausgelegtes Blech streuen. Im Backrohr bei 200 °C Ober-/Unterhitze 9 Minuten backen. Vom Blech nehmen, auskühlen lassen und in einem verschlossenen Glas aufbewahren. Jeweils 1 EL Schokoladenerde um die Crème brûlée streuen.

[BRASSICA OLERACEA VAR. GEMMIFERA]

KOHLSPROSSEN

Obwohl sie die elegantesten Vertreter aus der Familie Kohl sind, waren sie lange Zeit nicht sehr beliebt. Schuld daran war die zumeist ideenlose Zubereitung, bei der sie bitter, matschig und bedeckt mit einer Mehlpampe am Teller landeten. Erst als man die Bitterstoffe abmilderte, wurden die Kohlsprossen neu entdeckt. Heute begleiten sie saftiggrün und geschmackvoll alle Arten von Speisen und lassen genügend Spielraum für neue Ideen beim Kochen.

Die Kohlsprossen im Porträt

Das können Kohlsprossen

Richtig zubereitet, also nicht zu Tode gegart, haben Kohlsprossen eine knackige Konsistenz und schmecken nussig, mit leichten Bitternoten. Diese Bitterstoffe regen die Verdauung an und besänftigen den Magen. In vorderster Reihe bei den Wintergemüsesorten stehen sie mit ihrem Gehalt an Vitamin C: 112 mg auf 100 g, das ist sogar mehr als die von Experten empfohlene Tagesdosis. Dazu sorgen Glucosinolate, sekundäre Pflanzenstoffe, für eine antioxidative Wirkung und schützen Körperzellen vor Schädigung. Sie enthalten relativ viel Wasser, aber so gut wie kein Fett (0,3 g auf 100 g) und haben nur 44 kcal auf 100 g. Und zu guter Letzt: Kohlsprossen sind bekömmlicher als all ihre Verwandten.

Gut zu wissen

- Nach den ersten Frösten im Oktober und November schmecken Kohlsprossen am besten, da der Zuckergehalt leicht steigt.
- Finger weg, wenn die äußeren Blätter gelbe Spitzen haben oder sich trocken wie Papier anfühlen, dann sind sie nicht mehr frisch.
- Ungewaschen halten sie etwa 3 Tage im Kühlschrank. Aber bitte nicht in der Nähe von Äpfeln und Paradeisern lagern. Diese enthalten ein Gas namens Ethylen, das die Kohlsprossen schneller welken lässt.
- Zum Einfrieren nach dem Putzen kurz blanchieren. Halten im Tiefkühler ein halbes Jahr, verlieren aber etwas an Festigkeit.
- Vor dem Kochen die äußeren Blätter entfernen, Strünke zurückschneiden und bei größeren Exemplaren kreuzweise einschneiden, damit sie gleichmäßig garen.
- In der Kürze liegt die Würze: nie länger als 4 Minuten blanchieren. Dann bleiben sie knackig, auch wenn sie weiterverarbeitet werden.
- Schmecken gedämpft, gebraten, überbacken, als Suppe, Salat (blanchiert), im Strudel und auf einer Quiche.
- Passen gut zu Käse, Speck, Obers, Butter, Knoblauch, Salbei und Thymian.

Geschichte & Geschichten

Sie sind echte Europäer und stammen aus Brüssel, wo das Herz Europas schlägt. Um 1785 herum züchteten Gärtner in der belgischen Hauptstadt erstmals Kohlsprossen aus Wildkohlarten. Als »Chou de Bruxelles«, Brüsseler Kohl, gab das jüngste Mitglied der Kohlfamilie sein Debüt auf den Märkten und verbreitete sich eher langsam über den Kontinent und bis nach Nordamerika. Übersetzt werden Kohlsprossen in den meisten Sprachen als »Brüsseler Kohl« oder »Brüsseler Sprossen« bezeichnet. In Deutschland allerdings nennt man das Wintergemüse »Rosenkohl«, vermutlich wegen der kleinen runden Köpfchen, die wie Knospen auf dem Stängel wachsen.

Im eigenen Garten

Aussaat: April und Mai; Jungpflanzen werden bis Mitte Juni gesetzt, mit einem Abstand von 50 x 50 cm.
Standort: tiefgründige, humose, wasserreiche Böden, in die gut verrotteter Kompost eingearbeitet wurde.
Geeignet als Nachkultur von Früherdäpfel, Bohnen und Erbsen. Gute Nachbarn sind Pastinaken, Salate, Sellerie und Spinat.
Ernte: Ab Oktober bis in den April werden immer die obersten Sprossen geerntet. Sie reifen am Pflanzenstrunk von unten nach oben und sind nach dem ersten Frost am zartesten.
Es empfiehlt sich, im September die haselnussgroßen Gipfelrosen zu kappen, damit sich die Achselröschen besser entwickeln können. Ebenfalls im September die Erde rund um die Pflanzen anhäufeln, damit sie im Winter stabil stehen.

WAS WANN ZU TUN IST	Jän	Feb	Mär	Apr	Mai	Jun	Jul	Aug	Sep	Okt	Nov	Dez
Aussaat				●	●	●						
Ernte	●	●	●	●						●	●	●

Geschmorte Kohlsprossen

mit Misozwiebeln und Polenta

Vorspeise für 4 Personen

Zutaten

Für die Polenta:
1 EL Sesamöl
3 g Sesam
500 ml Milch
Salz, Pfeffer, Muskatnuss
100 g Polenta

400 g Kohlsprossen
4 Zwiebeln
700 ml Gemüsefond
50 g Butter
70 g Misopaste
Öl zum Anbraten
2 daumendicke Scheiben Frühstücksspeck

Zubereitung

Für die Polenta Öl in einem Topf erhitzen, Sesam darin goldgelb rösten. Mit Milch aufgießen, würzen und Polenta einrühren. 3 Minuten köcheln lassen, dann die Masse auf ein Blech streichen. Erkalten lassen und kleine Rechtecke schneiden.

Kohlsprossen zuputzen, Zwiebeln schälen und halbieren.
In einem Topf Gemüsefond mit Butter und Misopaste einmal aufkochen.
Etwas Öl in einer Pfanne erhitzen, Speck darin anbraten. Kohlsprossen und Zwiebeln auf der Schnittseite einlegen und scharf anbraten. Salzen, pfeffern und mit Fond aufgießen. Mit Alufolie abdecken und im Rohr bei 240 °C Ober-/Unterhitze 20 Minuten schmoren. Zwiebeln umdrehen und ohne Folie 10 Minuten weiter schmoren.
Fond durch ein Sieb seihen, auffangen und leicht einkochen. Polentastücke einlegen und erwärmen.

Geschmorte Kohlsprossen mit Polenta, Misozwiebeln und Speck anrichten.

Kohlsprossen-Quiche

mit Speck und Erdäpfeln

Für eine Quicheform mit 25 cm Durchmesser

Zutaten

Für den Teig:
500 g glattes Mehl
15 g frische Germ
15 g Honig
325 ml lauwarmes Wasser
15 g Salz
2 EL Olivenöl
Butter für die Form

Für die Royal:
100 g Obers
5 Dotter
Salz, Pfeffer, Muskatnuss
Cayennepfeffer
1 EL Parmesan, gerieben

Für den Belag:
250 g Kohlsprossen
2 mehlige Erdäpfel
1 Schalotte
1 Knoblauchzehe
100 g Bauernspeck ohne Schwarte

Zubereitung

Für den Teig Mehl in eine Schüssel sieben und in die Mitte eine Mulde drücken. Germ mit Honig und Wasser verrühren, salzen und in die Mulde gießen. Öl zugeben und alles zu einem geschmeidigen Teig verkneten. Schüssel mit einem Tuch bedecken und den Teig an einem warmen Ort 1 Stunde gehen lassen.

Für die Royal alle Zutaten vermischen und mixen.

Für den Belag Kohlsprossen zuputzen und 3 Minuten in Salzwasser blanchieren. Erdäpfel schälen, weich kochen und in kleine Stücke schneiden. Schalotte und Knoblauch schälen, Schalotte klein würfeln und Knoblauch in Scheiben schneiden. Speck in kleine Würfel schneiden.

Speck in einer Pfanne auslassen, Zwiebel und Knoblauch darin glasig anschwitzen. Durch ein Sieb abseihen und auf Küchenpapier abtropfen lassen. In einer Schüssel mit Kohlsprossen und Erdäpfeln vermischen.

Eine Quicheform mit Butter ausstreichen. Den Teig zusammenschlagen, ausrollen und die Form damit auskleiden. Den Belag darauf verteilen und mit der Royal übergießen. Im Backrohr bei 170 °C Heißluft 40 Minuten backen.

Kohlsprossengröstl

mit Spiegelei

Zutaten

4 speckige Erdäpfel
200 g Kohlsprossen
2 Topinambur
1 Stange Lauch
8 Spalten Hokkaido-Kürbis
2 Scheiben Bauchspeck
Öl zum Anbraten
Salz, Pfeffer, Muskatnuss
80 g Butter
4 Eier

Für den Dip:
4 EL Sauerrahm
Saft von 1/4 Zitrone
1 EL Schnittlauch
Cayennepfeffer

Zubereitung

Für das Gröstl Erdäpfel schälen und weich kochen. Kohlsprossen, Topinambur und den weißen Teil vom Lauch jeweils putzen, waschen und blanchieren.
Gemüse, Erdäpfel und Speck in mundgerechte Stücke schneiden.
In einer Pfanne Öl erhitzen, Speck darin anbraten. Erdäpfel und Gemüse ohne Lauch zugeben und langsam rösten. Erst kurz vor Ende der Garzeit Lauch zugeben und mitrösten. Mit Salz, Pfeffer und Muskatnuss würzen und Butter unterrühren.

Eier aufschlagen, zu Spiegeleiern braten, salzen und pfeffern. Aus der Pfanne auf ein Brett heben und mit einem runden Ausstecher in Form bringen.

Für den Dip Sauerrahm mit Zitronensaft und Schnittlauch verrühren, mit Salz, Pfeffer und Cayennepfeffer würzen. Mit den Spiegeleiern zum Gröstl anrichten.

Kohlsprossenpralinenn

mit Wurzelspeck und eingelegten Vogelbeeren

Zutaten

Für die eingelegten Vogelbeeren:
100 g Vogelbeeren
50 ml Wodka
100 g Zucker
50 ml Wasser
Saft von 1 Orange

Für die Pralinen:
12 Kohlsprossen
200 g Schokolade, zartbitter
12 Scheiben Wurzelspeck

Salatgurke, halbiert

Zubereitung

Vogelbeeren 1 Woche vor der Zubereitung einfrieren.
Gefrorene Vogelbeeren mit den restlichen Zutaten in einem Topf aufkochen und 5 Minuten köcheln. In Rexgläser füllen und verschließen.
Einen breiten Topf mit Küchenpapier auslegen und 1/3 hoch mit warmem Wasser befüllen. Rexgläser hineinstellen, den Topf zudecken und zum sterilisieren auf dem Herd 10 Minuten köcheln. Gläser abkühlen und an einem dunklen, kühlen Ort 1 Monat ziehen lassen.

Für die Pralinen Kohlsprossen putzen und in Salzwasser blanchieren. Abseihen, mit Eiswasser abschrecken und auf Küchenpapier abtrocknen lassen.
Schokolade in einem Topf langsam schmelzen.
Kohlsprossen auf kleine Holzspieße stecken. Durch die Schokolade ziehen, sodass sie ganz überzogen sind und zum Trocknen in eine halbierte Salatgurke stecken.

Wurzelspeck mit dem Bunsenbrenner abflämmen oder kurz durch eine heiße Pfanne ohne Fett ziehen. Die Pralinen damit belegen und mit eingelegten Vogelbeeren dekorieren.

[CICHORIUM INTYBUS VAR. FOLIOSUM]

RADICCHIO

Er klingt nach Sommer, Sonne, Strand und italienischem Hochgenuss. Genau von dort kommt der Radicchio auch her und bringt uns mit seiner knackigen Frische über die kalten Monate. Zwar haben die südlichen Verwandten dann keine Saison mehr, die winterharten Sorten in unseren Gefilden überstehen jedoch auch frische Nächte ganz gut. Erst dann wird er so richtig schön rot.

Der Radicchio im Porträt

Das kann Radicchio

Leicht bitter, mit einer herbwürzigen Note – so schmeckt das einzigartige Aroma der Radicchio-Blätter. Wie bei seinen Artverwandten ist dafür der Bitterstoff Intybin verantwortlich, der sich positiv auf Verdauung und Blutgefäße auswirken soll und gemeinsam mit Inulin den Cholesterinspiegel senkt. In der Volksmedizin wurde Radicchio ja früher bei gestresstem Magen verordnet. Ebenfalls enthalten: eine große Menge an Vitamin C – 28 mg pro 100 g –, welches das Immunsystem stärkt. Dazu kommen Mineralstoffe wie Eisen, Kalium und Kalzium sowie die sekundären Pflanzenstoffe Anthocyane, die die Zellen schützen und antioxidativ und entzündungshemmend wirken.

Gut zu wissen

- Wer Radicchio weniger bitter mag, kann ihn kurz in lauwarmes Wasser legen. Aber nicht zu lange, sonst gehen Inhaltsstoffe und Geschmack verloren. Die meisten Bitterstoffe lagern im Strunk, den man entfernt, und in den Blattrippen, die man ebenfalls herausschneiden kann.
- Gerade das Bittere ist aber das Aparte am Radicchio. Die Italiener verwenden sogar die noch herberen Wurzeln des Radicchio, schälen und waschen sie, schneiden sie in dünne Scheibchen und streuen sie über Salate oder mischen sie ins Risotto.
- Die äußeren Blätter werden gleich beim Ernten entfernt, in die Küche kommt nur der feste, runde Kopf. In ein feuchtes Tuch gewickelt hält er sich im Kühlschrank 5 Tage knackig frisch.
- Am bekanntesten ist Radicchio bei uns roh als Salat, vor allem in Kombination mit anderen Salaten und Früchten wie etwa Orangen.
- Schmeckt in Olivenöl gedünstet oder gebraten im Risotto oder in der Pasta und wird gerne gegrillt. Seine kompakten Blätter lassen sich auch gut füllen. Passt zu kurz gebratenem Fleisch, zu Fisch und wird puristisch nur mit Meersalz gewürzt.

Geschichte & Geschichten

»Roter Chicorée« wird er auch gerne genannt, womit die Verwandtschaft auch namentlich geklärt wäre. Radicchio gehört zu den Zichoriengewächsen und ist geschmacklich dem Chicorée sehr ähnlich. Nur im Aussehen unterscheiden sich die beiden wesentlich. Radicchio ist rot, kugelrund, faustgroß und hat ein kompaktes Herz.
Bereits in der Antike kannte man in Südeuropa die bläuliche Wegwarte, sie war allerdings nur als Heilpflanze bekannt. Im 16. Jahrhundert nutzten die Italiener seine Winterfestigkeit, sie begannen ihn zu kultivieren. Den Sprung nach Norden schaffte der Radicchio erst vor etwa vier Jahrzehnten, wo er im Freiland nur bei mildem Klima angebaut werden kann.

Im eigenen Garten

Aussaat: Mitte Juni bis Ende Juli; Auspflanzen von winterharten Sorten Mitte Juli bis Mitte August; Reihenabstand 30 cm, in der Reihe ca. 10 cm ausdünnen.
Standort: Sonnig bis halbschattig mit lockeren, humus- und nährstoffreichen Böden. Staunässe vermeiden und nur schwach düngen. Gute Nachbarn sind Zwiebeln, Fenchel, Bohnen, Paradeiser und Kohlgemüse.
Ernte: Ab Mitte September bis November, verträgt bis zu -5 °C. Gut zum Überwintern geeignet ist die kopfbildende Sorte »Roter Veroneser«.

WAS WANN ZU TUN IST	Jän	Feb	Mär	Apr	Mai	Jun	Jul	Aug	Sep	Okt	Nov	Dez
Aussaat						●	●					
Ernte									●	●	●	

Gefüllte Radicchioblätter

mit Karotten, Rettich und Erdnüssen

Zutaten

Für die Füllung:
1 Zwiebel
2 Knoblauchzehen
1 TL Ingwer
50 ml Sesamöl
400 g Lammfaschiertes
200 g Schweinsfaschiertes
Salz, Pfeffer
1 Msp. Chilipulver
200 ml Pflaumenwein
200 ml Sojasauce
50 ml Mirin
200 ml Gemüsesuppe

12 Blätter Radicchio

Für die Garnitur:
2 EL gesalzene Erdnüsse
1 EL eingelegte Karotten (siehe eingelegter Kürbis S. 144)
1 EL eingelegter Rettich (siehe eingelegter Kürbis S. 144)
6 Korianderblätter, gehackt
1 Chilischote
1 Junglauch

Zubereitung

Für die Füllung Zwiebel, Knoblauch und Ingwer schälen. Zwiebel fein würfeln, Knoblauch und Ingwer reiben.
In einem Topf Sesamöl erhitzen, Zwiebel, Knoblauch und Ingwer darin glasig anschwitzen. Faschiertes zugeben, leicht anbraten, mit Salz, Pfeffer und Chili würzen. Mit Pflaumenwein ablöschen und kurz einreduzieren. Sojasauce, Mirin und Suppe zugießen und einkochen, bis die Flüssigkeit verdampft ist. Abschmecken und überkühlen lassen.

Radicchioblätter zuputzen, waschen und mit Faschiertem füllen.

Für die Garnitur Erdnüsse grob hacken. Karotten und Rettich in Streifen schneiden, Koriander hacken. Chilischote waschen, Kerne entfernen und hauchdünn schneiden. Junglauch putzen und in feine Ringe schneiden. Die gefüllten Radicchioblätter damit bestreuen.

Radicchiokrapferl

mit Gerstl-Garnelenfüllung

Zutaten

Für den Tempurateig:
200 g griffiges Mehl
100 g Maizena
10 g Backpulver
400 ml Mineralwasser
1 TL Curry
1 TL Parmesan, gerieben
1 Msp. Kurkuma
1 Msp Cayennepfeffer

Für die Füllung:
4 EL Gerstl
4 Garnelen, ohne Schale
4 Radicchioblätter
1 Junglauch
200 g Garnelen, gehackt
200 g Obers
1 Eiklar (30 g)
4 Korianderblätter, gehackt
1 Msp. Ingwer, gehackt
Salz, Pfeffer, Cayennepfeffer
Koriander, gemahlen
1 EL Kräuterpaste (siehe S. 202)
1 EL Sojasauce

4 große Radicchioblätter
Butterschmalz zum Ausbacken

Mayonnaise (siehe Grünkohl-Eierstich S. 58)
1 TL Misopaste

Korianderöl (siehe Petersilöl S. 82)

Zubereitung

Für den Teig alle Zutaten glatt verrühren und kalt stellen.

Für die Füllung Gerstl in Salzwasser weich kochen.
Garnelen putzen und würfeln. Radicchio und Junglauch waschen, putzen und fein schneiden.
Gehackte Garnelen mit Obers und Eiklar fein mixen und würzen. Alle Zutaten für die Füllung gut vermischen und abschmecken.

Radicchioblätter waschen, trocken tupfen und auflegen. Mit Garnelenmasse befüllen und darüber zusammenschlagen. Durch den Teig ziehen und in Butterschmalz bei 160 °C schwimmend ca. 6 Minuten backen. Herausnehmen und auf Küchenpapier 5 Minuten nachziehen lassen.

Mayonnaise zubereiten und mit Misopaste verrühren.

Korianderöl herstellen.

Radicchiokrapferl in der Mitte durchschneiden, mit Misomayonnaise und Korianderöl anrichten.

Rib-Eye-Burger

mit Radicchiomarmelade

Zutaten für das Burgerbrot

200 ml Wasser
4 EL Milch
35 g Zucker
1 Würfel Germ (42 g)
80 g flüssige Butter
1 Ei
10 g Rote-Rüben-Pulver
500 g glattes Mehl
8 g Salz
Dotter zum Bestreichen
Sesam zum Bestreuen

Zutaten für die Marmelade

2 EL brauner Zucker
2 Zwiebel, in Streifen geschnitten
1 Knoblauchzehe, gerieben
2 Radicchio, in Streifen geschnitten
2 EL Himbeeressig
1 l Rotwein
750 ml Portwein

Zubereitung

Für das Brot Wasser mit Milch in einem Topf lauwarm erhitzen. Zucker und Germ darin auflösen.
In einer Schüssel Butter mit Ei und Rote-Rüben-Pulver glatt rühren.
Mehl in einen Rührkessel sieben und salzen. Germ- und Buttermischung zugeben und mit dem Knethaken einer Küchenmaschine zu einem glatten Teig verarbeiten. Zudecken und an einem warmen Ort 1 Stunde gehen lassen.
Teigstücke mit ca. 50 g abstechen und zu Kugeln schleifen. Auf ein mit Backpapier ausgelegtes Blech legen, abdecken und nochmals 40 Minuten gehen lassen.
Backrohr auf 180 °C Heißluft vorheizen.
Dotter mit etwas Wasser verquirlen, die Brötchen damit bestreichen und mit Sesam bestreuen. Im Rohr ca. 25 Minuten backen. Herausnehmen und auskühlen lassen.

Für die Marmelade in einer Pfanne Zucker karamellisieren, Zwiebeln und Knoblauch darin anschwitzen. Radicchio zugeben, kurz mitschwitzen, mit Essig ablöschen. Nach und nach Rotwein und Portwein zugießen und immer wieder einreduzieren, bis der Radicchio weich ist und eine marmeladige Konsistenz entsteht. Bis zum Anrichten warm stellen.

Backrohr auf 90 °C vorheizen.
Steaks salzen und pfeffern und beidseitig in Öl scharf anbraten. Im Rohr 18 Minuten braten, dann halbieren und warm halten.

Mayonnaise herstellen und Trüffel einmischen.

Tempurateig herstellen und mit Paprika würzen.
Zwiebelringe durch den Teig ziehen und in Butterschmalz bei 170 °C knusprig backen. Auf Küchenpapier abtropfen lassen und salzen.

Burgerbrot quer halbieren. Mit Mayonnaise bestreichen und das Steak einlegen. Brie, Mandelblättchen und Radicchiomarmelade daraufschichten und Deckel aufsetzen. Zwiebelringe extra dazu servieren.

Zutaten für den Belag

2 Rib-Eye-Steaks
Salz, Pfeffer
Öl zum Anbraten
Mayonnaise (siehe Grünkohl-Eierstich S.58)
1 TL schwarze Trüffel, gehackt
1 EL Mandelblätter, geröstet
2 Scheiben Brie, halbiert

Zutaten für die Tempurazwiebeln

Tempurateig (siehe Radicchiokrapferl S. 188)
1 TL Paprikapulver, geräuchert
1 Zwiebel, in dicke Ringe geschnitten

Radicchio-Strauben

mit Eis

Zutaten

Für das Eis:
300 ml Milch
300 ml Obers
250 ml Dotter
100 g Zucker

Für die Strauben:
12 Radicchioblätter
2 Eier
50 g Zucker
1 Prise Salz
125 ml Milch
175 ml Weißwein
1 Schuss Rum (80%)
200 g glattes Mehl
Butterschmalz zum Backen

1 Zweig Zitronenthymian, abgerebelt
50 ml Honig

Zubereitung

Für das Eis Milch mit Obers einmal kurz aufkochen, dabei ständig rühren, damit nichts anbrennt. Vom Herd nehmen und überkühlen lassen.
Dotter und Zucker in einem Rührkessel glatt rühren. Die nicht zu heiße Milchmischung zugeben und über einem Wasserbad ca. 10 Minuten cremig aufschlagen. Dann in Eiswasser kalt rühren. Vollständig abkühlen lassen und in der Eismaschine zu Eis rühren.

Radicchioblätter waschen und trockentupfen.
Eier trennen. Eiklar mit Zucker und Salz zu Schnee schlagen. Dotter mit Milch, Wein und Rum vermischen und mit Mehl glatt rühren. Schnee vorsichtig unterheben. Radicchioblätter durchziehen und in Butterschmalz bei 170 °C schwimmend goldgelb backen. Herausheben und auf Küchenpapier abtropfen lassen.

Strauben mit Eis garnieren. Zitronenthymian fein hacken, mit Honig vermischen und über das Eis ziehen.

[PETROSELINUM CRISPUM CONVAR. RADICOSUM]

PETERSILWURZEL

Man kennt sie gemeinhin in Begleitung von Sellerie, Karotte und Lauch als Wurzelwerk, das Gemüse-, Hühner- und Rindsuppe aromatisiert. Doch die Petersilwurzel steht mit ihrem würzigen Geschmack auch alleine ganz gut da. Selbst wenn sie eng mit den Petersilblättern verwandt ist, ist sie eine eigenständige Knolle, die selbstbewusst ihre kulinarische Rolle spielt. Und sie ist eine, die es gar nicht mag, wenn man ihr den grünen Blattschopf vor der Ernte abzupft.

Die Petersilwurzel im Porträt

Das kann die Petersilwurzel

Ihren typischen Geschmack erhält sie von ätherischen Ölen, die auch in der Naturheilkunde zum Einsatz kommen. Sie machen das Wintergemüse besonders bekömmlich, lindern Magenschmerzen und unterstützen die Nierenfunktion. Der Vitamin-C-Gehalt ist mit 41 mg pro 100 g sehr hoch und fördert die Immunabwehr. B-Vitamine und sekundäre Pflanzenstoffe wie Flavonoide, Terpene und Phenylpropane machen die Petersilwurzel zu einem wertvollen Wintergemüse, mit dem der leere Vitaminspeicher aufgefüllt wird.

Gut zu wissen

- Blattpetersil und Wurzelpetersil sind eng verwandt, aber unterschiedliche Pflanzen. Die Wurzeln der Blattpetersilie sind zwar genießbar, aber zu holzig für die Küche. Auch die Blätter der Wurzelpetersilie schmecken gut. Man sollte sie aber nur sehr sparsam während des Wachstums abzupfen, damit sich schöne Wurzeln bilden.
- Beim Wurzelwerk mag es egal sein, wenn es schlapp ist, für eigenständige Gerichte müssen die Wurzeln knackig frisch sein. Kleine Wurzeln sind besonders zart.
- In ein feuchtes Tuch gewickelt, hält es im Kühlschrank 1 Woche.
- Petersilwurzeln können gut gewaschen, mitsamt der Schale, aber natürlich auch geschält zubereitet werden.
- Je nach Größe kocht man sie 10 bis 20 Minuten. Sie können geraspelt oder gestiftelt auch roh zu einem Salat verarbeitet werden.
- Schmecken als Suppe und Püree, mit Honig glasiert, passen zu Wild, Huhn, Fisch und Fleisch und werden oft wie Karotten zubereitet.

Geschichte & Geschichten

Sehr beliebt ist sie in der mittel-, nord- und osteuropäischen Küche, ihren Ursprung hat sie aber im Mittelmeerraum. Die alten Römer labten ihre Gladiatoren damit, um sie bei Kräften zu halten. Überhaupt war sie lange Zeit mehr in der Volksmedizin von Bedeutung. Sie wurde gleichermaßen als Aphrodisiakum verehrt, wie als Unglückspflanze gefürchtet. »Sie hilft dem Mann aufs Pferd, den Frauen unter die Erd'«, sagte der Volksmund, da sie in großen Mengen verzehrt eine abtreibende Wirkung hat. Noch heute rät man Schwangeren von ihrem Genuss ab. Karl der Große aber war ein großer Freund der Petersilwurzel. Er befahl ihren Anbau per Dekret, womit sie auch kulinarisch an Bedeutung gewann.

Im eigenen Garten

Aussaat: März bis Ende Mai, Reihenabstände 30 cm
Standort: Tiefgründige Böden, die ausreichend mit Wasser versorgt sind, allerdings ohne Staunässe. Unkrautfrei halten, ab und zu Kompost einarbeiten.
Sind fruchtfolgeempfindlich und dürfen nur alle 5 Jahre im gleichen Beet angebaut werden. In der Zwischenzeit keine anderen Doldenblütler dort anbauen.
Ernte: August bis November; wenn man die Erde mit Abdeckung vorm Durchfrieren schützt, den ganzen Winter. Können in einer Kiste mit Sand oder Erde bedeckt, kühl und im Stockdunkeln monatelang gelagert werden.

WAS WANN ZU TUN IST	Jän	Feb	Mär	Apr	Mai	Jun	Jul	Aug	Sep	Okt	Nov	Dez
Aussaat			●	●	●							
Ernte								●	●	●	●	

Petersilwurzel-Ragout

in Blätterteig

Zutaten

Für das Ragout:
400 g Petersilwurzeln
1 Schalotte
2 EL Butter
Salz, Pfeffer, Cayennepfeffer
1 EL glattes Mehl
100 ml Weißwein
100 ml Gemüsefond
Saft und Zeste von 1 Limette

Sauce Hollandaise (siehe Gratinierter Chicorée (S. 30)
1 EL scharfer Senf
50 ml Schlagobers
1 Rolle Blätterteig
1 Dotter

Zubereitung

Für das Ragout Petersilwurzeln und Schalotte schälen und würfeln. In einem Topf Butter erhitzen, Petersilwurzeln und Schalotte darin anschwitzen. Salzen, pfeffern und mit Mehl stauben. Mit Wein ablöschen und Gemüsefond zugießen. Bei mittlerer Hitze ca. 20 Minuten garen, sodass die Wurzeln noch einen leichten Biss haben. Zum Schluss Limettensaft und -zesten einmischen und abschmecken.

Sauce Hollandaise zubereiten, Senf und Schlagobers untermischen.

Backrohr auf 170 °C Ober-/Unterhitze vorheizen.
Blätterteig aufrollen und rund ausstechen. Die Hälfte auf ein mit Backpapier ausgelegtes Blech legen und mit Dotter bestreichen. Den Rest mit einem kleineren Ausstecher zu Ringen ausstechen, diese auf die Teigkreise setzen, sodass sie einen dickeren Rand haben. Im Rohr 6 Minuten goldgelb backen.

Blätterteigböden auf Teller stellen. Das Ragout einfüllen und mit Senf-Hollandaise beträufeln.

Petersilwurzeln mit Vanille

in Alufolie gegart

Zutaten

8 Petersilwurzeln
2 Vanilleschoten
2 EL Butter
1 EL Gemüsefond
Salz, Pfeffer

Zubereitung

Petersilwurzeln waschen und zuputzen, aber nicht schälen. Vanilleschote der Länge nach halbieren und das Mark auskratzen.

Backrohr auf 220 °C Heißluft vorheizen.

In einer Pfanne Butter erhitzen, Petersilwurzeln darin anrösten. Gemüsefond und Vanillemark einmischen, mit Salz und Pfeffer würzen. Mit den Vanilleschoten in Alufolie wickeln und im Rohr 30 Minuten garen.
Samt Folie auf eine Platte legen und erst am Tisch öffnen, um das volle Aroma zu genießen.

Vorspeise für 4 Personen

Petersilwurzel-Haschee

mit Kräuterpalatschinken

Zutaten

Für das Haschee:
400 g Petersilwurzeln
1 Zwiebel
1 Knoblauch
2 EL Butter
400 g gemischtes Faschiertes
Salz, Pfeffer, Muskatnuss
Cayennepfeffer
100 ml Noilly Prat
100 ml Obers
100 ml Gemüsefond
1 Spritzer Zitronensaft
1 TL Worcestershiresauce
1 EL Kapern, gehackt
1 EL Sardellen, gehackt

Für die Kräuterpaste:
je 1 Handvoll Schnittlauch,
Petersilie, Kerbel, Dille, Basilikum
100 ml Öl

Für die Palatschinken:
300 ml Milch
70 g glattes Mehl
3 Eier
1 EL flüssige Butter
2 EL Kräuterpaste
Butter zum Backen

Für die Garnitur:
1 Petersilwurzel
Butterschmalz zum Frittieren

Zubereitung

Für das Haschee Petersilwurzeln waschen und würfeln. Zwiebel und Knoblauch schälen und fein schneiden.
In einem Topf Butter erhitzen, Petersilwurzel, Zwiebel und Knoblauch darin anschwitzen. Faschiertes zugeben, würzen und mit Noilly Prat ablöschen. Mit Obers und Gemüsefond aufgießen, Zitronensaft und Worcestershiresauce einrühren.
Bei kleiner Hitze 20 Minuten köcheln. Zum Schluss Kapern und Sardellen einmischen und abschmecken.

Für die Paste Kräuter zupfen, blanchieren, abseihen und das Wasser auspressen. Öl auf 80 °C erhitzen. Im Mixer mit den Kräuter pürieren und kaltstellen.

Für die Palatschinken alle Zutaten zu einem glatten Teig verrühren, mit Salz, Pfeffer und Muskatnuss würzen. Etwas Butter in einer beschichteten Pfanne erhitzen. Den Teig mit einem Schöpfer eingießen und bei mittlerer Hitze Palatschinken backen, bis der Teig aufgebraucht ist. Bis zum Anrichten warm stellen.

Für die Garnitur Petersilwurzel waschen, schälen und der Länge nach mit einem Sparschäler in feine Streifen hobeln. Butterschmalz auf 170 °C erhitzen, Petersilwurzel darin goldgelb frittieren. Herausheben, auf Küchenpapier abtropfen lassen und salzen.

Palatschinken mit Haschee anrichten und mit knuspriger Petersilwurzel bestreuen.

Petersilwurzel-Schneenockerl

mit Vanillesauce

Zutaten

Für den Sud:
100 g Petersilwurzel
1 EL Zucker
1 l Milch
1 Msp. Vanillemark

Für die Nockerl:
120 g Eiklar (von ca. 4 Eiern)
1 EL Petersilwurzelsud
1 TL Zitronensaft
25 g Zucker

Für die Sauce:
425 ml Obers
Mark von 1/4 Vanilleschote
90 g Dotter (von ca. 6 Eiern)
70 g Zucker

4 EL geröstete Mandelblättchen

Zubereitung

Für den Sud Petersilwurzel gut waschen und klein schneiden.
Einen Topf erhitzen, Petersilwurzel darin mit Zucker karamellisieren.
Milch und Vanillemark zugeben und 10 Minuten köcheln.
Bei kleiner Hitze 30 Minuten ziehen lassen. Dann durch ein Sieb passieren.

Für die Nockerl Eiklar, Petersilwurzelsud und Zitronensaft mit dem Mixer aufschlagen. Nach und nach Zucker einrieseln lassen und die Masse steif schlagen.
Petersilwurzelsud leicht erwärmen. Aus der Massse Nockerl stechen und im Sud 7 Minuten ziehen lassen.

Für die Sauce alle Zutaten unter ständigem Rühren langsam erhitzen. Auf eine Temperatur von ca. 84 °C bringen, sodass eine Bindung entsteht und vom Herd nehmen.

Nockerl in tiefen Tellern anrichten, warme Vanillesause zugießen und mit Mandelblättchen bestreuen.

[BRASSICA OLERACEA CONVAR. CAPITATA VAR. SABAUDA]

WIRSING

Er schmeckt deutlich feiner als seine robusten Verwandten aus der Kraut- und Kohlfamilie. Trotzdem wurde er seinen Ruf als Arme-Leute-Essen erst los, als vor fünf Jahrzehnten Spitzenköche den Wirsing für ihre Gemüseküche entdeckten. Seine zarten, gekräuselten grünen Blätter putzen geschmacklich und optisch so manch edles Gericht zusätzlich auf. Man darf ihn halt nicht in Grund und Boden zerkochen.

Der Wirsing im Porträt

Das kann der Wirsing

Wie alle aus dem weiten Spektrum der Kohlgewächse enthält er besonders viel Chlorophyll. Das gibt ihm nicht nur seine attraktive grüne Farbe, es fördert auch die Blutbildung, hilft bei Magnesiummangel und unterstützt die Wundheilung. Dazu ist Wirsing reich an Kalzium, das die Knochen festigt und gemeinsam mit Vitamin E die Körperzellen vor schädlichen Einflüssen und vorzeitigen Alterungsprozessen schützt. Ebenfalls reichlich enthalten: Vitamin B6, das für ein gutes Nervenkostüm sorgt, und Vitamin C, das unser Immunsystem stärkt. Während die hellgrünen Früh- und Sommersorten ein zartes, delikates Aroma entfalten, schmecken die dunkelgrünen Spätsorten deutlich kräftiger und würziger.

Gut zu wissen

- Wichtig ist die grüne Farbe auch bei den äußeren Blättern. Sind sie gelblich, ist der Wirsing alt. Wintersorten bleiben im Kühlschrank 2 Wochen knackig.
- Vor der Zubereitung die äußeren Blätter und den Strunk entfernen, dann vierteln, in Streifen schneiden und waschen.
- Rohen Wirsing vor dem Einfrieren kurz in Salzwasser blanchieren.
- Zu Tode gekocht, verliert er nicht nur Vitamine, er sieht auch nicht gut aus. Besser ist es, die Blätter kurz zu blanchieren, in Streifen zu schneiden und dann zu sautieren. Ansonsten gilt für Wintersorten: Auf keinen Fall länger als 25 Minuten garen.
- Um Blähungen vorzubeugen, mit Kümmel, Anis oder Ingwer würzen.
- Putzt roh jeden Salat auf, eignet sich gut zum Füllen (die Blätter vorher blanchieren) und ist gedünstet eine feine Gemüsebeilage. Passt in Eintöpfe wie z.B. den Pichlsteiner Eintopf, in schnelle Nudelgerichte und Aufläufe.

Geschichte & Geschichten

Im Gegensatz zu seinen Geschwistern, dem Weiß- und dem Rotkraut, taucht der Wirsing erst im 16. Jahrhundert als dritter im Bunde in den Kräuterbüchern auf. Seine vielen Namen in verschiedenen Sprachen lassen seinen Ursprung in Italien vermuten. So nennt man ihn in Spanien »Col de Milan«, in Frankreich »Chou de Milan«, die Engländer sagen »Savoy Cabbage« und in Deutschland hat er u. a. den Namen »Welschkohl«. Im Wienerischen wiederum heißt er »Köch«, was hier gleichbedeutend mit einem Wickel, also einer Streiterei ist. Nicht schmeichelhaft für ein Gemüse, das in der Volksheilkunde zur Schmerzlinderung eingesetzt wird. Vor allem bei Muskel- und Rückenschmerzen, Gicht, Ischiasbeschwerden und rheumatischen Erkrankungen soll er helfen. Dafür macht man einen Umschlag, für den die äußeren Blätter mit einer Rolle (nicht aus Holz, die saugt den Saft auf) sanft angedrückt werden.

Im eigenen Garten

Aussaat: Vorkultur von Wintersorten im Juni, Auspflanzen im Juni und Juli mit Abstand 50 cm.
Standort: Nährstoffreiche, lehmige Böden mit ausreichender Wasserversorgung.
Frühestens nach 3 Jahren wieder im selben Beet anbauen, gute Vorfrüchte sind Hülsenfrüchte.
Gute Nachbarn sind Spinat, Sellerie, Bohnen, Rote Rüben, Endivien und Mangold.
Ernte: Ab Oktober, frostharte Sorten am besten im Beet bis zur Verarbeitung überwintern lassen. Wirsing ist geerntet nicht so gut lagerbar wie Weißkraut.

WAS WANN ZU TUN IST	Jän	Feb	Mär	Apr	Mai	Jun	Jul	Aug	Sep	Okt	Nov	Dez
Aussaat						●	●					
Ernte	●	●	●							●	●	●

Rahmwirsing

mit Kabeljaustrudel

Zutaten

Für den Strudel:
350 g Kabeljaufilets
100 ml Obers
50 g Eiklar
1 Schuss Pernod
1 Schuss Noilly Prat
Salz, Pfeffer
1 Pkg. Strudelteig
2 Noriblätter
flüssige Butter zum Bestreichen

Für den Rahmwirsing:
500 g Wirsing
1 Zwiebel
60 g Butter
1 Msp. geriebener Knoblauch
40 g Mehl
500 ml Obers
Muskatnuss

Zubereitung

Für den Strudel 100 g vom Kabeljau klein schneiden. Mit Obers, Eiklar, Pernod und Noilly Prat zu einer Farce mixen, salzen und pfeffern.
Backrohr auf 200 °C Heißluft vorheizen.
Strudelteig auflegen und dünn mit Farce bestreichen. Mit Noriblättern belegen und nochmals eine dünne Schicht Farce aufstreichen. Mit Kabeljaufilets belegen und den Strudel einrollen.
Strudel auf ein mit Backpapier ausgelegtes Blech setzen und mit flüssiger Butter bestreichen. Im Rohr 20 Minuten backen. Herausnehmen und noch 5 Minuten ziehen lassen.

Wirsing putzen, aufblättern und in Salzwasser blanchieren, eiskalt abschrecken und fein faschieren. Zwiebel schälen und würfeln.
In einem Topf Butter erhitzen, Zwiebel und Knoblauch darin anschwitzen. Mehl zugeben und 2 Minuten farblos rösten. Obers zugießen, mit Salz, Pfeffer und Muskatnuss würzen und 5 Minuten köcheln. Wirsing einmischen, unter ständigem Rühren einmal aufkochen und abschmecken.

Rahmwirsing auf Tellern verteilen. Kabeljaustrudel aufschneiden und darauflegen.

Wirsingflan

mit gerösteten Pinienkernen

Zutaten

Für den Flan:
400 g Wirsing
Salz
100 ml Obers
1 Knoblauchzehe, gerieben
4 Eier
Pfeffer
Butter für die Förmchen

8 Blätter Wirsing
Öl zum Braten
2 EL geröstete Pinienkerne

Zubereitung

Für den Flan Wirsing aufblättern, waschen und zerkleinern. In Salzwasser blanchieren, abschrecken und gut ausdrücken. Mit Obers, Knoblauch und Eiern aufmixen, salzen und pfeffern.
Feuerfeste Förmchen mit Butter ausstreichen und die Masse einfüllen. Förmchen in einen breiten Topf stellen und heißes Wasser bis knapp unter den Rand einfüllen. Den Topf mit Alufolie bedecken und den Flan im Rohr bei 170 °C Ober-/Unterhitze im Wasserbad 20 Minuten pochieren.

Wirsingblätter waschen und trocken tupfen.
In einer Pfanne Öl erhitzen, Wirsingblätter darin scharf anbraten. Salzen, pfeffern und auf Küchenpapier abtropfen lassen.

Flan aus den Förmchen auf Teller stürzen, mit gebratenem Wirsing belegen und mit Pinienkernen bestreuen.

Wirsing-Wachtel-Roulade

mit Couscous

Zutaten

Für die Roulade:
4 Wachteln
100 ml Obers
50 ml Eiklar
Salz, Pfeffer
1 EL Trüffel, gewürfelt
4 größere Wirsingblätter

Für das Couscous :
150 g Couscous
100 ml Gemüsefond
1 TL Currypulver

Für die Sauce:
150 ml Rotwein
100 ml roter Portwein
100 g kalte Butterflocken

Zubereitung

Wachteln in Brüste und Schenkel zerlegen, von Haut und Knochen befreien. Schenkel mit Obers und Eiklar zu einer Farce mixen. Salzen, pfeffern, mit Trüffel vermischen und leicht anfrieren.
Wirsingblätter in Salzwasser blanchieren und eiskalt abschrecken. Trockentupfen, auflegen und mit einem Schnitzelklopfer sanft plattieren. Mit Farce bestreichen und mit Wachtelbrüsten belegen. Einrollen, zuerst mit Frischhaltefolie, dann mit Alufolie fest umwickeln. Darauf achten, dass alles gut verschlossen ist.
In einem Topf Wasser aufkochen. Die Rouladen darin 30 Minuten ziehen lassen.

Für das Couscous alle Zutaten einmal aufkochen, salzen und pfeffern. Vom Herd nehmen und zugedeckt 10 Minuten quellen lassen. Dann mit einer Gabel durchrühren und abschmecken.

Für die Sauce in einem Topf Rotwein mit Portwein aufkochen und auf ca. 100 ml einreduzieren. Vom Herd nehmen und mit einem Schneebesen kalte Butterflocken einrühren, sodass eine Bindung entsteht. Auf keinen Fall nochmals erhitzen.

Sauce lauwarm auf Tellern verteilen. Rouladen auspacken, aufschneiden und mit Couscous anrichten.

Pizza

mit Wirsing, Kürbis und Speck

Zutaten

Für den Teig:
250 g glattes Mehl
7 g Salz
7 g frische Germ
7 g Honig
160 ml lauwarmes Wasser
1 EL Olivenöl
Mehl zum Arbeiten

Für den Belag:
8 EL Creme fraîche
4 Eidotter
12 Spalten Hokkaidokürbis, entkernt
8 Blätter Wirsing
Butterschmalz zum Braten
Salz, Pfeffer
12 Scheiben schwarze Nüsse
12 dünne Scheiben Bachspeck

Zubereitung

Germ in lauwarmem Wasser auflösen und etwas vom Mehl einrühren. In das restliche Mehl eine Mulde drücken und den Rand mit Salz bestreuen. Angerührte Germ und Honig hineingießen und zugedeckt an einem warmen Platz 15 Minuten gehen lassen. Dann zu einem glatten Teig verkneten. Teig in 4 gleich große Stücke teilen. Zu Kugeln formen, leicht mit Mehl bestauben und zugedeckt 1 Stunde gehen lassen.
Eine Arbeitsfläche mit Mehl bestauben und die Teigstücke rund ausrollen.

Backrohr auf 250 °C Ober-/Unterhitze vorheizen.

Crème fraîche mit Eidottern verrühren und die Pizzaböden damit bestreichen. Mit Kürbisspalten belegen und im Rohr 8 bis 10 Minuten backen. Wirsingblätter in grobe Streifen schneiden. In einer Pfanne Butterschmalz erhitzen, Wirsing darin kurz braten, salzen und pfeffern.
Pizza aus dem Rohr nehmen, mit Wirsing, schwarzen Nüssen und Speck belegen.

AUF VORRAT

EINGEKOCHT
EINGELEGT
FERMENTIERT

Chicorée süßsauer

Zutaten

4 Chicorée
75 ml Wasser
75 ml weißer Balsamessig
120 g Zucker
1 Gewürznelke
1/4 Zimtstange
1 Sternanis
2 Scheiben Ingwer
2 Kaffirlimettenblätter

Zubereitung

Chicorée putzen und samt Strunk vierteln.

Die restlichen Zutaten in einem Topf aufkochen. Chicorée zugeben und einmal aufkochen. Mitsamt der Flüssigkeit heiß in saubere Gläser füllen und verschließen. Dunkel und kühl lagern.
Mindestens 14 Tage ziehen lassen.

- *Hält kühl und dunkel gelagert 2 Monate.*
- *Passt zum Salat und für vegetarische Gerichte z. B. Risotto.*

2 Gläser à 250 ml

Karottenmarmelade

Zutaten

1 kg Karotten
500 g Gelierzucker 3:1
100 ml Orangensaft
10 ml Limettensaft
Zesten von 1 Bio-Zitrone
1 Msp. Kardamom, gemahlen
1 Msp. Ingwer, gerieben

Zubereitung

Karotten waschen, schälen und raspeln. Mit Zucker und Orangensaft in einem Topf bei mittlerer Hitze 10 Minuten köcheln und dabei ständig rühren. Die restlichen Zutaten zugeben und weitere 5 Minuten köcheln. Heiß in saubere Gläser füllen und verschließen.

- *Hält kühl und dunkel gelagert 7 Monate.*
- *Passt zum Frühstück und zu Käse wie Gorgonzola, Hart- und Weichkäse, Rohmilchkäse von Ziege oder Schaf.*

2 Gläser à 500 ml

Grünkohlpesto

Zutaten

200 g Grünkohl
150 g Pinienkerne, geröstet
150 g Parmesan, fein gerieben
50 g halbgetrocknete Paradeiser
300 ml Olivenöl
Saft von 1/2 Limette
1 Msp. schwarzer Pfeffer

Zubereitung

Grünkohl putzen und klein schneiden.
In Salzwasser blanchieren und in Eiswasser abschrecken, damit er die Farbe behält. Abseihen, das Wasser auspressen und trockentupfen. Grünkohl mit den restlichen Zutaten in der Küchenmaschine mixen und abschmecken. In saubere Gläser füllen und sterilisieren oder portionsweise in Gefrierbeutel füllen und einfrieren.

- *Gläser halten im Kühlschrank verschlossen 6 Monate.*
- *Passt für Nudelgerichte und in Salaten.*

2 Gläser à 500 ml

Rotkraut-Ketchup

Zutaten

1 Kopf Rotkraut
6 Paradeiser
2 Zwiebeln
3 Knoblauchzehen
2 EL Olivenöl
1 TL Ingwer, gerieben
2 EL brauner Zucker
2 EL Paradeismark
Salz, Pfeffer
1 EL Honig
1 Msp. Chilipulver
1 Lorbeerblatt
50 ml Rotweinessig

Zubereitung

Rotkraut putzen, vom Strunk entfernen und fein schneiden. Paradeiser waschen und würfeln. Zwiebeln und Knoblauch schälen, Zwiebeln fein schneiden, Knoblauch reiben.

In einem Topf Öl erhitzen, Zwiebeln mit Knoblauch, Ingwer und Zucker darin anschwitzen. Kraut und Paradeiser zugeben und anrösten. Paradeismark einrühren, salzen und pfeffern. Honig und Chilipulver untermischen und Lorbeerblatt einlegen. Mit Essig aufgießen und das Rotkraut ca. 45 Minuten weich kochen, dabei öfters umrühren. Abschmecken, Lorbeerblatt entfernen, Ketchup in der Küchenmaschine fein mixen. Noch heiß in Gläser füllen und im Wasserbad sterilisieren.

- *Hält kühl und dunkel gelagert 5 Monate.*
- *Passt zu Wild, Geflügel, Rind und Bratwürsteln.*

---

1 Flasche à 1 Liter

Pastinaken-Würzpaste

Zutaten

1 kg Pastinaken
250 g Zwiebel
1 Knoblauchzehe
1 Bund Petersilie
1 Msp. Chilipulver
200 g Salz
1 EL Olivenöl

Zubereitung

Pastinaken waschen, schälen und kleinschneiden. Zwiebel und Knoblauch schälen und klein würfeln, Petersilie fein hacken.

Pastinaken mit Zwiebel, Knoblauch, Petersilie und Chilipulver im Mixer zu einem feinen Brei pürieren. Salz und Öl zugeben und solange mixen, bis sich das Salz auflöst hat. In saubere Gläser füllen und verschließen.

- *Hält kühl und dunkel gelagert 6 Wochen.*
- *Passt zum Würzen für Suppen, Saucen und Dips.*

---

3 Gläser à 500 ml

Schwarzwurzel-Chips

Zutaten

400 g Schwarzwurzeln
Salz
Saft von 1 Zitrone
Erdnussöl zum Frittieren

Für den Dip:
1 Essiggurkerl
1 EL Kapern
1 Schuss Worcestershiresauce
1 Schuss Tabasco
4 Dotter
2 EL Senf
100 ml Maiskeimöl

Zubereitung

3 Schwarzwurzeln waschen, schälen und in Salzwasser weich kochen. Für den Dip beiseitestellen.

Die restlichen Schwarzwurzeln waschen und mit einer Bürste abreiben. Ungeschält mit einem Sparschäler der Länge nach in Streifen schneiden und in eine Schüssel mit lauwarmem Zitronenwasser legen. Abseihen und gut mit Küchenpapier abtrocknen.
In einem Topf Öl auf 160 °C erhitzen, Schwarzwurzelstreifen darin goldgelb frittieren. Herausheben und auf Küchenpapier abtropfen lassen.

Für den Dip die gekochten Schwarzwurzeln klein schneiden. Essiggurkerl würfeln. Schwarzwurzeln und Essiggurkerl mit den restlichen Zutaten außer dem Öl in einem Mixer fein pürieren. Dabei nach und nach Öl zugießen und mayonnaiseartig aufziehen.

Rote-Rüben-Püree

Zutaten

500 g Rote Rüben, gekocht
50 g Zucker
100 g Butter
2 EL Balsamessig
250 ml roter Portwein
500 ml Rote-Rüben-Saft
1 Prise Salz
schwarzer Pfeffer

Zubereitung

Rote Rüben klein würfeln.

Einen Topf erhitzen und Zucker darin karamellisieren. Butter einrühren, mit Essig und Portwein ablöschen. Rote Rüben zugeben, mit Saft aufgießen, salzen und pfeffern. 10 Minuten köcheln lassen, vom Herd nehmen und fein pürieren. Nochmals abschmecken, heiß in saubere Gläser füllen und verschließen.

- *Hält kühl und dunkel gelagert 2 Monate.*
- *Passt zu Fisch, Fleisch, vegetarischen Gerichten und als Aufstrich.*

---

3 Gläser à 500 ml

Chinakohlsenf

Zutaten

1 mittelgroßer Chinakohl
520 ml Weißweinessig
200 ml Gemüsefond
160 g brauner Zucker
50 g Meersalz
1 EL Honig
400 g Senfkörner, gemahlen

Zubereitung

Chinakohl putzen, Strunk entfernen und den Chinakohl klein schneiden.

In einem Topf Essig mit Gemüsefond, Zucker, Salz und Honig aufkochen. Chinakohl zugeben und einmal aufkochen. Vom Herd nehmen, abkühlen lassen, dann gemahlene Senfkörner einmischen. Abschmecken, in saubere Gläser füllen und verschließen.

- *Hält kühl, dunkel und verschlossen gelagert 1 Jahr.*
- *Passt zu faschierten Laberln und zu Würsteln (Frankfurter, Debreziner).*

2 Gläser à 500 ml

Sauerkraut

Zutaten

1 kg Weißkraut
je 3 Wacholderbeeren, schwarze Pfefferkörner, Korianderkörner und Pimentkörner
2 EL Buttermilch
25 g Salz
5 g Kümmel
2 Lorbeerblätter

1 Tontopf à 2 Liter

Zubereitung

Weißkraut putzen und hobeln. Gewürzkörner in ein Passiertuch geben, zubinden und mit einem Schnitzelklopfer 2 bis 3 Mal klopfen.

Einen Tontopf säubern und herrichten. Buttermilch mit Salz, Kümmel und Lorbeer vermischen und mit dem Gewürzsackerl in den Topf geben. Kraut zugeben und ca. 5 Minuten gut durchkneten, sodass der Saft aus dem Kraut austritt. Mit einem Passiertuch abdecken, einen passenden Teller darauflegen und diesen beschweren. Mit einem sauberen Geschirrtuch abdecken, damit nichts hineinfliegen kann und 4 Tage bei Zimmertemperatur reifen lassen.
Bei dieser Milchgärung entsteht ein weißer Schaum. Diesen immer wieder abschöpfen, dabei auf Sauberkeit achten und die Topfinnenseite reinigen.
Den Topf an einen dunklen, kühlen Ort stellen. Das Sauerkraut ist nach 5 bis 6 Wochen fertig.

- *Passt gekocht zu Geselchtem, Knödeln und als Suppe.*

Kürbischutney

Zutaten

500 g Kürbis
1 Zwiebel
1 Knoblauchzehe
1 Chilischote
2 EL Maiskeimöl
1 Msp. Ingwer, fein gerieben
250 g brauner Zucker
250 g Wasser
250 g Apfelessig
1 EL Rosinen
1 TL Meersalz
schwarzer Pfeffer aus der Mühle

Zubereitung

Kürbis schälen, entkernen und würfeln. Zwiebel und Knoblauch schälen, Zwiebel fein würfeln, Knoblauch reiben. Chilischote waschen, vom Kerngehäuse befreien und fein schneiden.

In einem Topf Öl erhitzen, Zwiebel mit Knoblauch, Ingwer und Chili darin anschwitzen. Zucker zugeben, mit Essig und Wasser aufgießen und einmal aufkochen. Rosinen und Kürbis unterrühren und bei mittlerer Hitze 25 Minuten köcheln. Mit Meersalz und schwarzem Pfeffer würzen. Noch heiß in saubere Gläser füllen, verschließen und im Wasserbad sterilisieren.

- *Hält kühl und dunkel gelagert 10 Monate.*
- *Passt zu Fleisch- und Fischvorspeisen und zum Käseteller.*

2 Gläser à 500 ml

Suppenwürze

Zutaten

500 g Sellerie
250 g Zwiebeln
100 g Champignons
100 g Paradeiser
50 g Lauch
1/2 Bund Petersilie
100 g Salz

Zubereitung

Gemüse putzen, waschen und würfeln. Petersilie waschen und Blätter abzupfen. Alles vermischen und fein mixen. Auf einem mit Backpapier ausgelegten Blech dünn verteilen.
Im Rohr bei 70 °C Heißluft ca. 8 Stunden lang trocknen. Nochmals mixen, gut mit Salz vermischen und in saubere Gläser füllen.

- *Hält kühl und dunkel gelagert 12 Monate.*

2 Gläser à 250 ml

Topinambur-Sirup

Zutaten

1 kg Topinambur

Zubereitung

Topinambur waschen, schälen und würfelig schneiden.
In einem Topf mit Wasser bedecken und 1 Stunde lang kochen. Durch ein Sieb in einen anderen Topf seihen und die Masse gut durchpressen. Die gewonnene Flüssigkeit zu einem dickflüssigen Saft einreduzieren. Nochmals abseihen, in saubere Gläser füllen, verschließen und im Wasserbad sterilisieren.

- *Hält kühl und dunkel gelagert 6 Monate.*
- *Passt für Marinaden, Suppen und mit Wasser verdünnt als Getränk.*

1 Flasche à 500 ml

Kohlsprossen-Kimchi

Zutaten

500 g Kohlsprossen
25 g Salz
1 Karotte
100 g Bierradi
1 Zwiebel
2 Knoblauchzehen
2 Junglauch
1 TL Ingwer, gerieben
1 TL Zucker
50 g koreanisches Chilipulver

Zubereitung

Kohlsprossen putzen und halbieren. Mit Salz vermischen und 1 Stunde ziehen lassen.

Karotte, Bierradi, Zwiebel und Knoblauch schälen und jeweils in feine Streifen schneiden. Junglauch putzen und in feine Scheiben schneiden. Alles mit Ingwer, Zucker und Chilipulver zu einer Paste verrühren. Kohlsprossen mitsamt der ausgetretenen Flüssigkeit untermischen.
In saubere Gläser füllen und gut pressen, damit das Gemüse mit Flüssigkeit bedeckt ist. Gläser mit einem Küchenpapier abdecken und mit einem Gummiringerl fixieren. 3 Tage bei Zimmertemperatur reifen lassen. Dann mit einem Deckel verschließen und noch 1 Woche ziehen lassen.

- *Hält kühl gelagert und verschlossen 3 Wochen.*
- *Passt für pikante Häppchen, zu geräuchten und gebeizten Fischen.*

3 Gläser à 250 ml

Radicchio-Relish

Zutaten

4 Radicchio
etwas Staubzucker
50 ml Traubenkernöl
2 Zwiebeln, gewürfelt
100 g Zucker
1 EL Salz
100 ml Rotweinessig
500 ml Portwein
100 g geröstete Haselnüsse, gehackt

Zubereitung

Radicchio putzen, Strunk entfernen, vierteln. In lauwarmem Wasser mit Staubzucker 30 Minuten wässern, um Bitterstoffe zu mildern.

In einem Topf Öl erhitzen, Zwiebeln mit Zucker darin karamellisieren. Radicchio zugeben und anschwitzen. Salzen, mit Essig ablöschen, Portwein in drei Schüben zugießen und jedes Mal reduzieren. Haselnüsse zugeben, abschmecken. In Gläser füllen und im Backrohr sterilisieren.

- *Hält kühl und dunkel gelagert 2 Monate.*
- *Passt zu Rindstatar und statt Preiselbeeren zu Wildgerichten.*

---

2 Gläser à 500 ml

Petersilwurzel-Focaccia

Zutaten

250 g Petersilwurzel
1 EL Butter
150 ml Milch
500 g glattes Mehl
1 TL Salz
1/2 Würfel Germ (21 g)
1 TL Zucker
Olivenöl zum Bestreichen
Meersalzflocken und Zitronenthymian zum Bestreuen

---

1 Haushaltblech

Zubereitung

Petersilwurzeln waschen und schälen. Die Schalen in Butter anrösten. Milch zugießen und einmal aufkochen. Vom Herd nehmen, 30 Minuten ziehen lassen, dann abseihen und die Milch auffangen.

Petersilwurzeln raspeln, in einer Rührschüssel mit Mehl und Salz vermischen. In der Mitte eine Mulde drücken.
Germ mit Zucker und vorbereiteter Milch anrühren. In die Mulde gießen und zu einem glatten Teig verkneten. Zugedeckt an einem warmen Ort 1 Stunde gehen lassen.
Teig ausrollen und auf ein mit Backpapier ausgelegtes Blech legen. Mit reichlich Olivenöl bepinseln und mit den Fingern oder einer Gabel regelmäßig einstechen. Nochmals 15 Minuten gehen lassen.
Backrohr auf 200 °C Heißluft vorheizen.
Teig mit Meersalzflocken und Zitronenthymian bestreuen. Im Rohr 25 Minuten backen, herausnehmen und abkühlen lassen.
Für spätere Verwendung vierteln, in Frischhaltefolie wickeln und einfrieren. Nach dem Auftauen entweder toasten, im Backrohr grillen oder in der Pfanne mit Olivenöl goldbraun braten.

Wirsing-aufstrich

Zutaten

250 g Wirsing
1 Zwiebel
1 TL Knoblauch, gerieben
1 TL Currypulver
125 g Topfen
50 ml Gemüsesuppe
1 EL Apfelessig
1 Msp. Cayennepfeffer
Saft und Zeste von 1/4 Zitrone
Salz, Pfeffer

Zubereitung

Wirsing putzen und in Salzwasser blanchieren. Sofort mit Eiswasser abschrecken, aufblättern und fein hacken. Zwiebel schälen und fein würfeln. Alle Zutaten vermischen und abschmecken. In saubere Gläser füllen und verschließen.

- *Hält verschlossen im Kühlschrank 1 Woche.*
- *Passt gut zum Sauerteigbrot oder zu Fisch.*

---

2 Gläser à 250 ml

Zwei Methoden zum Sterilisieren

Im Backrohr

Die Gläser zunächst heiß ausspülen und an der Luft trocknen lassen. Das Backrohr auf 130 °C vorheizen. Die Gläser befüllen, verschließen und für 15 Minuten ins Rohr stellen. Herausnehmen, auskühlen lassen und an einem dunklen, kühlen Ort lagern.

Im Wasserbad

Einen breiten Topf mit Küchenpapier auslegen, damit die Gläser gut darauf stehen können und nicht verrutschen. Die befüllten, verschlossenen Gläser mit Abstand hineinstellen. Warmes Wasser in den Topf füllen, sodass die Gläser 2/3 hoch bedeckt sind. Am Herd 25 Minuten köcheln. Herausnehmen, abkühlen lassen und an einem dunklen, kühlen Ort lagern.

REGISTER

Vorspeisen

Suppen

Jause

Hauptspeisen

Nachspeisen

Vorrat

I M P R E S S U M

1. Auflage

Gesetzt aus Adobe Caslon Pro, Museo Sans und Le Monde Livre.

Medieninhaber, Verleger und Herausgeber:
Red Bull Media House GmbH
Oberst-Lepperdinger-Straße 11–15
5071 Wals bei Salzburg, Österreich

Umschlaggestaltung, Design und Satz: Lisa Haunschmid
Coverfoto und Rezeptfotos Innenteil: Helge Kirchberger Photography
Reportagefotos Gemüsebauer: Georg Kukuvec Photography
Fotos S. 14: Brasch Dieter / Gusto / picturedesk.com
Food-Styling: Sandra Egger/Stargroup

Printed in Austria by Buch Theiss GmbH

ISBN 978-3-7104-0290-6